Klingonische Basics vor dem Unterrichtsbeginn

ngeD 'ej nap – simpel und einfach

Martin Erik Horn

qatlh Qatlh Qatlh ?

qatlh	–	why	–	warum
Qatlh	–	to be difficult, to be complex	–	schwierig sein, kompliziert sein
Qatlh	–	slime devil	–	Schleimteufel

Warum ist der Schleimteufel kompliziert?

Natürlich ist der Schleimteufel nicht kompliziert. Er ist ganz einfach ein Tier

> http://klingon.wiki/De/Tiere

auf dem Planeten Deneb (α Cygni)

> https://de.wikipedia.org/wiki/Deneb

im Sternbild Schwan:

> http://klingon.wiki/Wort/DenIbQatlh

Qatlhbe' DenIb Qatlh !

Der Schleimteufel des Planeten Deneb ist nicht kompliziert !

Und Klingonisch ist nicht kompliziert. Es handelt sich bei dieser Sprache lediglich um rückwärts gesprochenes Deutsch:

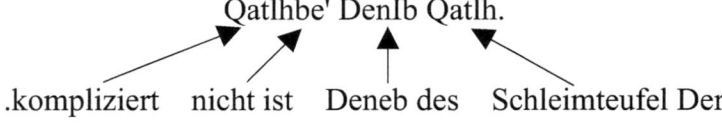

Qatlhbe' DenIb Qatlh.

.kompliziert   nicht ist   Deneb des   Schleimteufel Der

Klingonische Basics
vor dem Unterrichtsbeginn

ngeD 'ej nap – simpel und einfach

Martin Erik Horn

Bibliographische Information der Deutschen Nationalbibliothek:

Die Deutsche Nationalbibliothek verzeichnet diese Publikation
in der Deutschen Nationalbiographie;
detaillierte bibliographische Daten sind im Internet über

http://dnb.dnb.de

abrufbar.

© 2023 Martin Erik Horn

Herstellung und Verlag:

BoD - Books on Demand, Norderstedt

ISBN: 978-3-7583-0973-1

Hildegard von Bingen – Heute würde sie klingonisch sprechen

Star Trek und verwandte Marken sind Handelsmarken von CBS Studios Inc, siehe den Beitrag „Wem gehört die klingonische Sprache?" unter:

http://klingon.wiki/De/CopyrightProblem

Mit diesem Buch ist eine Urheberrechtsverletzung nicht beabsichtigt und wohl auch nicht möglich, siehe:

http://klingon.wiki/De/AxanarAnklage

Der Autor ist im Wissenschaftsbereich tätig und erstellt dieses Buch als Begleitmaterial für Klingonisch-Kurse. Und er hat nichts, aber auch absolut gar nichts mit den CBS Studios zu tun. So wurden die hier vorgestellten Grundlagen der klingonischen Sprache aus frei im Internet zugänglichen Materialien zusammengestellt.

Übrigens ist Klingonisch eine ganz normale Sprache, mit der man sich ganz normal unterhalten kann. „Klingon spoken here", ein Artikel über den Film „Earthlings – Ugly Bags of Mostly Water",

www.denverpost.com/2005/07/20/klingon-spoken-here

dokumentiert das recht schön. Und schon Hildegard von Bingen, die nach

https://daily.jstor.org/why-we-love-klingon-art-of-constructed-languages

„inoffizielle Heilige der Nerds" schuf mit ihrer erfundenen Sprache

https://de.wikipedia.org/wiki/Lingua_ignota

die Vorläuferform des klingonischen Alphabets {pIqaD}, das dann von Klingonisten in lediglich leicht modifizierter Form kopiert und ans Außerirdische angepasst wurde. Heute würde Hildegard von Bingen klingonisch sprechen. Und sie würde – so wie wir das hier ganz am Ende tun – über die Dirac-Algebra nachdenken.

ngaS paqvam – Inhalt

tlhIngan Hol Dajatlh 'e' vISIv.

Wir wollen klingonisch lernen. Doch bevor wir mit dem Klingonisch-Kurs beginnen können, müssen ganz banale Dinge geregelt werden: Türen und Fenster sollten geschlossen werden, wir alle setzen uns hin. Natürlich begrüßen wir uns und stellen uns vor. Und überhaupt: Wie heißen wir?

In einem Klingonisch-Kurs sollte dies alles natürlich auf Klingonisch ablaufen und gesagt werden. Und genau das bietet dieses Buch: Es behandelt die Sprach- und Verständigungsprobleme vor dem Unterricht. Und da dieser Unterricht auf Klingonisch ablaufen wird, ist es sinnvoll, auch diese Phase der Organisation und Findung mit einfachen klingonischen Sätzen und Anweisungen zu gestalten.

Das alles ist kein Problem, denn Klingonisch ist eine simple, sehr logische und vor allem sehr übersichtlich strukturierte Sprache. Zudem lehnt sie sich stark an das Englische an. Und da beginnt das Problem für nicht-englische Muttersprachler.

Wenn wir klingonisch lernen stolpern wir oft über die englische Zwischenübersetzung, die sehr oft nötig ist, um überhaupt zu verstehen, wie ein Sprachkonstrukt tatsächlich zustande kommt. Das ist auch bei dem oben angegebenen Satz so:

tlhIngan Hol Dajatlh 'e' vISIv.

I wonder if you speak Klingon.   … ist problematisch und falsch.

 I am curious about whether you speak Klingon.   … ist richtiger.

Deshalb heißt es auch auf der Internetseite,

http://klingon.wiki/En/Msn_1997-07-01

auf der dieser Beispielsatz aufgeführt ist:

„The clumsiness here is the English, not the Klingon." Nicht klingonisch ist schwierig und kompliziert, sondern das Englische ist es. Das ist leider oft so: Englisch ist plump und schwerfällig, also „clumsy", während das Klingonische leicht, elegant und geradezu himmlisch bezaubernd ist.

Hier noch die Vokablen, um die deutsche Fassung dieses Satzes aus der Newsgroup-Nachricht von Marc Okrand, dem Schöpfer und Erfinder der klingonischen Sprache, zu bilden:

tlhIngan	–	Klingone
Hol	–	Sprache
⇒ tlhIngan Hol	–	Sprache des Klingonen = klingonische Sprache
jatlh	–	sprechen
⇒ Dajatlh	–	Du sprichst es.
'e'	–	dass (Relativpronomen)
SIv	–	sich wundern, sich fragen, neugierig sein
⇒ 'e' vISIv	–	Ich frage mich, ob…, Ich bin neugierig, ob…

Also haben wir wieder einen aus deutscher Sicht rückwärts geschriebenen Satz:

tlhIngan Hol Dajatlh 'e' vISIv.

Klingonen des Sprache die sprichst du ob ‚neugierig bin Ich

⇒ Ich bin neugierig, ob du die klingonische Sprache sprichst.
    Kurz: Ich bin neugierig, ob du klingonisch sprichst.

(Und nicht etwa: „Ich bin erstaunt, dass du die klingonische Spracche sprichst.", was der falschen englischen Deutung „I wonder, that you speak Klingon." entsprechen würde.)

qaleghneS – Es ist mir eine Ehre, Sie zu sehen.

Die übliche klingonische Begrüßung lautet:

nuqneH ?   –   What do you want?   –   Was willst du?

Und dann fängt das Schlamassel auch schon an: Die Klingonisten sind ein zerstrittener Haufen. Die eine Hälfte der Klingonisten sind Hardcore-Klingonier, die die klingonische Sprache nur so akzeptieren, wie sie von Klingonen in Science-Fiction-Filmen auch gesprochen wird. Dies ist die orthodoxe Hälfte der Klingonisch-Liebhaber, die die reine Lehre vertreten.

Und dann gibt es die Pragmatiker, die andere, mehr entspannte Hälfte der Klingonisten, die die klingonische Sprache im menschlichen Umfeld anwenden. Wir alle sind Menschen und deshalb greifen wir alle auf menschliche Kommunikationsmuster zurück. Klingonen reden klingonisches Klingonisch, Menschen reden menschliches Klingonisch. Und deshalb dürfen wir bei der Begrüßung von Menschen auch die vier ganz unten stehenden Ausdrücke verwenden:

maj !   –   Good!   –   Gut!
majQa' !   –   Well done!   –   Gut gemacht!
                  Very good!   Sehr gut!

po   –   morning   –   Morgen
jaj   –   day   –   Tag
choS   –   twilight   –   Zwielicht, Dämmerung
ram   –   night   –   Nacht

maj po !   –   Good morning! –   Guten Morgen!
maj jaj !   –   Good day!   –   Guten Tag!
maj choS ! –   Good twilight! –   Gute Dämmerung!
                  = Good evening!   = Guten Abend!
maj ram !   –   Good night!   –   Gute Nacht!

9

Die Streitereien unter den Klingonisten sieht man sehr schön an den beiden Internetseiten

http://klingon.wiki/En/GoodNight
http://klingon.wiki/De/GuteNacht [Stand: 02.08.2023]

Die englische Fassung wurde von einem pragmatischen Klingonisten geschrieben. Dort finden sich Erläuterungen wie: „Many experienced Klingonists agree to say {maj po} for ‚good morning'.“

Wenn Menschen „Guten Morgen!“ sagen wollen, dann sollen sie auch „Guten Morgen!“ sagen dürfen.

In der deutschen Fassung dieser Internetseite fehlt dieser Hinweis. Die deutsche Seite wurde von einem Hardcore-Klingonier verfasst, der Ausdrücke wie {maj po} ablehnt.

Allerdings gibt es in einer der Folgen von „Star Trek: Deep Space Nine“ eine Szene, in der sich ein Klingone mit den Worten {maj ram}, „Gute Nacht!“ verabschiedet. Deshalb wird der Ausdruck {maj ram} zähneknirschend auch von orthodoxen Hardcore-Klingoniern anerkannt.

Und dann ist da noch eine weitere sprachlich verwirrende Ebene. Klingonisch wurde von Marc Okrand, einem amerikanischen Linguisten entwickelt. Auch heute noch erfindet er neue, weitere klingonische Worte und schärft die klingonische Grammatik durch ausführlichere Erläuterungen weiter aus.

Das Dumme ist: Als Amerikaner spricht Marc Okrand englisch. Und wie alle englischen Muttersprachlerinnen und Muttersprachler hat er keine Probleme mit englischen Ausdrücken wie „Good morning!“ {maj po}, „Good afternoon!“ {maj pov} oder „Good night!“ {maj ram}.

Einen „Guten Tag!" wie im Deutschen gibt es allerdings im englischen Sprachgebrauch so nicht. Es gibt dort den Ausdruck: „Have a
good day!" – „Haben Sie noch einen guten Tag!", den man eher zur
Verabschiedung und eher nicht zur Begrüßung sagt.

Der ganz vorne abgedruckte Ausdruck {maj jaj} „Guten Tag!" ist
also nicht deshalb grottenschlechtes Klingonisch, weil echte Klingonen dies so nicht sagen würden. Es ist grottenschlechtes Klingonisch,
weil echte Engländerinnen und echte Engländer das so nicht sagen.

Wir Kontinentaleuropäer aber, „Bonjour!" – „Buenos días!" – „Bom
dia!" – „Buongiorno!" dürfen zweifelsfrei „Guten Tag!" {maj jaj}
sagen.

Es gibt allerdings noch weitere klingonische Begrüßungsmöglich-
keiten. Beispielsweise kann das klingonische Verb

van   —   to salute, to tribute   —   grüßen, salutieren

genutzt werden. Dies bietet eine gute Gelegenheit, einen ersten Ein-
druck über die klingonischen Verbkonjugationen zu erhalten. Wenn
wir einfach nur grüßen oder salutieren, ohne anzugeben wen oder was
wir grüßen, dann haben wir eine Konjugation ohne Objekt:

jIvan.	—	I salute.	—	Ich grüße.
bIvan.	—	You salute.	—	Du grüßt.
van.	—	He/She/It salutes.	—	Er/Sie/Es grüßt.
mavan.	—	We salute.	—	Wir grüßen.
Suvan.	—	You salute.	—	Ihr grüßt.
van.	—	They salute.	—	Sie grüßen.

Zur Begrüßung sprechen wir unser Gegenüber (Singular) oder unsere
Gegenüber (Plural) jedoch an. Wir haben somit ein direktes Objekt.
Dadurch ändert sich die klingonische Konjugation und wir erhalten
für ein Objekt in der 2. Person Singular:

qavan.	–	I salute you.	–	Ich grüße dich.
[existiert nicht]	–	You salute you.	–	Du grüßt dich.
Duvan.	–	He/She/It salutes you.	–	Er/Sie/Es grüßt dich.
pIvan.	–	We salute you.	–	Wir grüßen dich.
[existiert nicht]	–	You salute you.	–	Ihr grüßt dich.
nIvan.	–	They salute you.	–	Sie grüßen dich.

Wenn wir also eine einzige Person begrüßen möchten, können wir ihr sagen:

$$\{qavan.\} = \text{„Ich grüße dich.“} \quad = \text{„Ich grüße Sie.“}$$
$$= \text{„Ich begrüße dich.“} \quad = \text{„Ich begrüße Sie.“}$$

Die Höflichkeitsform „Sie" ist wieder eine typisch deutsche Angelegenheit. Im Englischen gibt es eine solche Höflichkeitsform nicht – und deshalb gibt es sie auch im Klingonischen nicht in dieser Art.

Falls wir mehrere Personen begrüßen möchten, benötigen wir die entsprechend modifizierten Verbkonjugationen. Wir grüßen dann nicht nur „dich", sondern „euch" bzw. „Sie (Plural)". Sie lauten:

Savan.	–	I salute you.	–	Ich grüße euch.
[existiert nicht]	–	You salute you.	–	Du grüßt euch.
lIvan.	–	He/She/It salutes you.	–	Er/Sie/Es grüßt euch.
revan.	–	We salute you.	–	Wir grüßen euch.
[existiert nicht]	–	You salute you.	–	Ihr grüßt euch.
lIvan.	–	They salute you.	–	Sie grüßen euch.

Damit erhalten wir zur Begrüßung einer Gruppe:

$$\{Savan.\} = \text{„Ich grüße euch.“} \quad = \text{„Ich grüße Sie.“}$$
$$= \text{„Ich begrüße euch.“} \quad = \text{„Ich begrüße Sie.“}$$

Aber auch hier gilt: Nur Streit unter den Kliongisten! Puritaner gegen Pragmatiker! Orthodoxe gegen Freidenker! Es ist eine absurde Plage, nicht einmal bei den erfundenen Sprachen sind sich die Leute einig!

Wir vergleichen wieder die beiden Internetseiten

http://klingon.wiki/En/Hello
http://klingon.wiki/De/Hallo [Stand: 02.08.2023]

In der deutschen, orthodoxen Fassung lesen wir: „Allerdings würde eine Phrase wie {qavan} oder {Savan} nur bei besonderen Anlässen Verwendung finden, zum Beispiel beim Besuch des klingonischen Botschafters."

Sehr viel entspannter sieht das die englische Fassung: „The verb {van} ‚salute' is a very reasonable way for Klingons – and thus Klingonists – to greet each other. (…) statements like {qavan / Savan} … are very common among Klingonists."

Wir dürfen uns also entspannt zurücklehnen und uns tatsächlich mit {qavan} oder {Savan} begrüßen – nur halt nicht in Saarbrücken … Die warten dort immer noch auf den klingonischen Botschafter.

Und auch wir Kontinentaleuropäer sollten so reden, wie wir nun mal reden – auch auf Klingonisch. Und Klingonisch bietet tatsächlich grammatikalisch reichlich Möglichkeiten, auch sprachlich unsere mitteleuropäischen Eigenwilligkeiten auszudrücken.

So werden in der klingonischen Grammatik beschreibende Zuordnungen häufig über Verb-Nachsilben ausgedrückt. Beispielsweise lautet die Nachsilbe für „Es ist … eine Ehre, dass …" im Klingonischen {-neS}.

Da ist es sehr plausibel, dass wir das Siezen als Form der Ehrerbietung mit Hilfe der Nachsilbe {-neS} ausdrücken können. Und wenn wir uns duzen, lassen wir diese Nachsilbe einfach weg:

{qavan.} = „Ich grüße dich."   {qavanneS.} = „Ich grüße Sie."
         = „Ich begrüße dich."   = „Ich begrüße Sie."

Und in der Pluralform, wenn wir eine Gruppe sehr höflich per Sie ansprechen:

{Savan.} = „Ich grüße euch."   {SavanneS.} = „Ich grüße Sie."
           = „Ich begrüße euch."   = „Ich begrüße Sie."

Und es gibt noch eine weitere klingonische Begrüßung, die authentisch und sprachmächtig ist – und die wieder nur auf der zuvor als erstes angegebenen englisch-pragmatischen Internetseite zu finden ist. Diese Begrüßung basiert auf dem klingonischen Verb

legh   –   to see   –   sehen

und wird von Commander Riker (siehe: https://de.wikipedia.org/wiki/Jonathan_Frakes) in einer Episode von „Star Trek: The Next Generation" verwendet.

Wir konjugieren wieder und üben so das in Beispielsätzen überaus häufig verwendete klingonische Wort für „sehen" ein:

jIlegh.	–	I see.	–	Ich sehe.
bIlegh.	–	You see.	–	Du siehst.
legh.	–	He/She/It sees.	–	Er/Sie/Es sieht.
malegh.	–	We see.	–	Wir sehen.
Sulegh.	–	You see.	–	Ihr seht.
legh.	–	They see.	–	Sie sehen.

Die Begrüßung basiert wieder darauf, dass wir unser Gegenüber sehen und somit ein direktes Objekt haben, wobei es im Klingonischen hier nicht möglich [* *] ist, sich selbst zu sehen:

qalegh.	–	Ich sehe dich.		Salegh.	–	Ich sehe euch.
[* *]	–	Du siehst dich.		[* *]	–	Du siehst euch.
Dulegh.	–	Er/Sie/Es sieht dich.		lIlegh.	–	Er/Sie/Es sieht euch.
pIlegh.	–	Wir sehen dich.		relegh.	–	Wir sehen euch.
[* *]	–	Ihr seht dich.		[* *]	–	Ihr seht euch.
nIlegh.	–	Sie sehen dich.		lIlegh.	–	Sie sehen euch.

Damit können wir die oben angegebenen Konjugationsformen ergänzen zu:

qaleghneS.	–	Es ist mir eine Ehre, Sie zu sehen.
SaleghneS.	–	Es ist mir eine Ehre, Sie *(Plural)* zu sehen
DuleghneS.	–	Es ist ihm/ihr eine Ehre, Sie zu sehen.
lIleghneS.	–	Es ist ihm/ihr eine Ehre, Sie *(Plural)* zu sehen.
pIleghneS.	–	Es ist uns eine Ehre, Sie zu sehen.
releghneS.	–	Es ist uns eine Ehre, Sie *(Plural)* zu sehen.
nIleghneS.	–	Es ist ihnen eine Ehre, Sie zu sehen.
lIleghneS.	–	Es ist ihnen eine Ehre, Sie *(Plural)* zu sehen.

Dies ist meine Lieblingsbegrüßung. So begrüßt Commander Riker den klingonischen Botschafter:

qaleghneS ! – Es ist mir eine Ehre, Sie zu sehen!

Und bei Begrüßung einer Gruppe lautet diese Lieblingsbegrüßung:

SaleghneS ! – Es ist mir eine Ehre, Sie alle zu sehen !

Aber wir wollen uns ja nicht nur sehen, wir wollen Klingonisch lernen und unterrichten. Und es ist mir auch eine Ehre, Sie zu unterrichten. Auch das ist eine legitime Begrüßung, wenn der Unterricht beginnt:

ghoj	–	to learn	–	lernen
ghojmoH	–	to teach	–	unterrichten
SaghojmoH.	–	I teach you (Plural).	–	Ich unterrichte euch.

SaghojmoHneS ! – Es ist mir eine Ehre, Sie zu unterrichten!

Wie lautet diese Begrüßung nun, wenn wir nicht siezen (sondern uns nur duzen) wollen und somit auf die Nachsilbe {-neS} verzichten möchten? Trotzdem wollen wir uns natürlich sehr ehrenhaft begrüßen. Eine solche Begrüßung mit Ehre, „with honor" {batlh}, ist auf der Internetseite des Verbs {ghojmoH}

http://klingon.wiki/Word/GhojmoH

zu finden:

Es ist mir eine Ehre, dich zu unterrichten:

batlh qaghojmoH !

Auf dieser Seite wird dies zwar englisch als „It has been an honor to instruct you." in der Vergangenheitsform *Present Perfect* übersetzt, aber diese Übersetzung ist uneindeutig und aus dem Kontext gerissen.

Das Klingonische kennt keine eigenen Zeitformen für die Vergangenheit, die Gegenwart oder die Zukunft. Welche Zeitform gemeint ist, kann nur dem Kontext oder anderen indirekten Hinweisen (wie beispielsweise einer Abgeschlossenheit, die mit Hilfe der Verb-Nachsilben {-pu'} oder {-ta'} ausgedrückt werden kann) entnommen werden.

Wird {batlh qaghojmoH.} zu Unterrichtsbeginn gesagt, ist es somit eindeutig eine Begrüßung und bedeutet: „Es ist mir eine Ehre, dich zu unterrichten." Und wird der gleiche klingonische Satz {batlh qaghojmoH.} am Unterrichtsende gesagt, bedeutet er: „Es war mir eine Ehre, dich unterrichtet zu haben."

Da im Unterricht jedoch oft eine ganze Gruppe von Lernenden zu begrüßen ist, müssen wir die korrekt konjugierte Plural-Version dieser Begrüßung finden.

Es ist mir eine Ehre, euch zu unterrichten:

batlh SaghojmoH !

Oder aber, wir begrüßen uns gegenseitig, indem wir uns darüber freuen, den oder die jeweils anderen zu sehen. Dann lautet die Begrüßung mit dem Verb {legh}, „sehen":

Es ist mir eine Ehre, dich zu sehen:

batlh qalegh !

Es ist mir eine Ehre, euch zu sehen:

batlh Salegh !

Oder wir bauen noch ein {reH} für „immer", „always" ein, um die Begrüßung nachdrücklicher zu gestalten:

Es ist mir immer eine Ehre, dich zu sehen:

reH batlh qalegh !

Es ist mir immer eine Ehre, euch zu sehen:

reH batlh Salegh !

{reH} ist allerdings formalistisch zurückhaltend. Noch herzlicher und empathischer wird die Begrüßung, wenn als Alternative zu „immer" {reH} der Ausdruck „jederzeit" {Hochlogh} verwendet wird:

Es ist mir jederzeit eine Ehre, dich zu sehen:

Hochlogh batlh qalegh !

Es ist mir jederzeit eine Ehre, euch zu sehen:

Hochlogh batlh Salegh !

So, genug gegrüßt. Jetzt wollen wir endlich wissen, wen wir denn da begrüßt haben.

pIn pong ist kein Tischtennis.

Wie heiße ich? Wie lautet mein Name?

Es gibt verschiedene Möglichkeiten, einen klingonischen Namen zu erfinden. Das Wichtigste ist: Er sollte nur Buchstaben des klingonischen Alphabets enthalten. Davon gibt es insgesamt 26, siehe:

http://klingon.wiki/De/Alphabet

Die fünf Vokale sind: a e I o u

Ja, das I wird immer groß geschrieben. Marc Okrand will es so!

Dann gibt es insgesamt 16 einbuchstabige Konsonanten, die genau so zu schreiben sind, wie es Marc Okrand vorgegeben hat,

b D H j l m n p q Q r S t v w y

und 4 Konsonanten, die als ein einziger Buchstabe zu denken sind, aber mit Hilfe einer Buchstabenfolge geschrieben werden:

ch gh ng tlh

Es soll halt alles ganz außerirdisch aussehen, obwohl diese Buchstaben selbstverständlich überall auf der Welt ganz normal (und oft in einbuchstabiger Form) in allen möglichen Sprachen enthalten sind.

Und als Letztes gibt es den Stopp-Buchstaben, einen hochgestellten Strich: '

Ansonsten sind wir in der Namenswahl frei. Es kann eine erfundene Buchstabenkombination sein, oder auch eine, die bereits eine Bedeutung hat.

Mein Nachname beispielsweise ist „Horn". Dafür gibt es mehrere klingonische Übersetzungen, beispielsweise das Wort {gheb} für das Musikinstrument. Oder aber {pu'}, dem Horn einer Stiers {tangqa'} oder eines Dinosauriers {SIntlher}.

Doch das ist irgendwie langweilig. „Horn" heiße ich schon im echten Leben. Also suchen wir eine klingonische Version meiner Vornamen. Auch da wäre eine direkte Anpassung an das klingonische Alphabet mit {maghtIn} oder {martIng} für „Martin" möglich. Da könnte man sogar eine Bedeutung herauslesen, denn in der Auflistung aller klingonischen Worte unter

http://klingon.wiki/Word/Contents

finden wir die folgenden Übersetzungsmöglichkeiten:

magh	–	Klingon plant that most closely resembles grass		
	–	Klingonische Pflanze, die wie Gras aussieht		
tIn	–	to be big	–	groß sein

{magh tIn}, geschrieben mit Lücke, wäre dann so etwas wie „großes klingonisches Gras". Komischer Name.

Die zweite Alternative ergibt:

mar	–	to use the big toe	–	den großen Zeh verwenden
tIng	–	southwestward, area toward the southwest		
	–	südwestlich, das Gebiet in Richtung Südwest		

{mar tIng}, wieder geschrieben mit Lücke, heißt dann „Das Gebiet im Südwesten wackelt mit dem großen Zeh." Will ich so heißen?

Bleibt noch mein zweitere Vorname: „Erik".

'er	–	type of animal	–	irgendein Tier
'ergh	–	to hallucinate	–	halluzinieren
'IQ	–	to be sad	–	traurig sein
'Iq	–	to be too much, to be too many	–	zu viel/viele sein

Da ist die beste Kombination wohl noch, wieder geschrieben mit Lücke: {'er 'IQ}, irgend so ein „trauriges klingonisches Tier". Würde das passen?

Das Problem ist ja, dass Marc Okrand, der Erfinder der klingonischen Sprache, zahlreiche klingonische Vokabeln absichtlich unscharf und zweideutig angegeben hat. Er wollte uns veräppeln! Das alles mit der klingonischen Sprache sollte zuerst eigentlich nur eine Parodie werden, siehe:

> http://klingon.wiki/De/Zweideutigkeit
> http://klingon.wiki/En/Ambiguity [Stand: 04.08.2023]

Wir Normalsterblichen nehmen aber immer alles wörtlich, was Marc Okrand so schreibt. Was also ist ein klingonisches {'er}? Das hat er nicht angegeben, und mir schwant nichts Gutes! Marc Okrand kann mit seiner Wortwahl manchmal ganz schön hinterhältig und anstößig sein, auch wenn er ansonsten ein netter Typ ist. Ich nenne mich lieber nicht {'er 'IQ}. Und einer, der zu viel halluziniert, will ich ja auch nicht sein!

Bleibt noch eine lustige Alternative, die auf der Seite

> http://klingon.wiki/En/KlingonName
> http://klingon.wiki/De/KlingonischerName

beschrieben wird. Dort beschreibt ein „Mark S." zur Beantwortung der Frage „Wie wähle ich einen klingonischen Namen?", dass er seinen Namen rückwärts klingonisiert hat. Anstelle von {marqeS} nennt er sich {Seqram}:

Seq	–	(seismic) fault	–	(seismische) Verwerfung
ram	–	night	–	Nacht
ram	–	to be trivial, to be trifling, to be unimportant		
	–	trivial sein, unbedeutend sein, unwichtig sein		

Damit lautet sein Name, geschrieben mit Lücke {Seq ram} also entweder „Nacht der seismischen Verwerfung" oder aber „unwichtige seismische Verwerfung". Eigenartigerweise ist dieser Mark S. kein Geologe, sondern ein Informatiker.

Schreiben wir also auch meine beiden Vornamen rückwärts:

nIt	–	to be plain, to be pure	–	rein, unverfälscht sein
qIgh	–	shortcut	–	Abkürzung
'e'	–	type 5 topic marker, focus marker		
	–	syntaktischer Marker vom Typ 5		

„Martin" wird dann zu {nItram}, was mit einem Zwischenraum zwischen den beiden Worten {nIt ram} als „Die Nacht ist rein (oder unverfälscht)." gelesen werden kann.

Und „Erik" wird zu {qIgh'e'}, was auf eine betonte, eine laut gesprochene „**Abkürzung!**" hinausläuft.

Irgendwie ist das alles nix. Bleibt nur noch eine letzte Lösung, um einen geeigneten Namen zu finden: Größenwahn!

So nennt sich der gute Will Martin ja auch nicht „reine Nacht", sondern {charghwI'}, „Eroberer", da ein anderer Will im Jahre 1066 England erobert haben will. Das nenne ich Bescheidenheit.

Das kann ich auch. In den letzten Jahren habe ich ja Bücher geschrieben wie:

- Martin Erik Horn: thcin se tbig nelhaZ evitageN. Negative Zahlen gibt es nicht. BoD, Norderstedt 2022 (ISBN: 978-3-7562-3808-8).

- Martin Erik Horn: nehcnretseeS red tätivitaleR eiD. Negative Zahlen gibt es nicht - Die Relativität der Seesternchen. BoD, Norderstedt 2023 (ISBN: 978-3-7578-0115-1).

Da darf ich mich doch ganz bescheiden {mI'mey Dop Qaw'wI'} nennen. Da lernen wir doch gleich auch etwas über die Pluralbildung:

mI'	–	number	–	Zahl
mI'mey	–	numbers	–	Zahlen
Dop	–	to be opposite	–	entgegengesetzt sein
		to be contradictory		gegensätzlich sein
mI' Dop	–	negative number	–	negative Zahl
mI'mey Dop	–	negative numbers	–	negative Zahlen

Die Mehrzahl eines Substantivs wird also gebildet, indem die Nachsilbe {-mey} angehängt wird – vorausgesetzt, das Ding kann nicht
sprechen. Sonst muss die Nachsilbe {-pu'} angehängt werden:

Qaw'	–	to destroy	–	zerstören
Qaw'wI'	–	destroyer	–	Zerstörer
Qaw'wI'pu'	–	destroyers	–	mehrere Zerstörer
				= Menschen, die etwas zerstören
Qaw'wI'mey	–	destroyers	–	mehrere Zerstörer
				= Schiffe, die etwas zerstören

Mein erfundener klingonischer Name lautet also:

mI'mey Dop Qaw'wI'	–	Zerstörer der negativen Zahlen

Und jetzt fangen die Probleme an: Wie sagen wir auf Klingonisch
„Ich heiße …" ? Klingonen sind leider irgendwie auch nur Engländer.
Das Wort „heißen" gibt es im Englischen nicht. Und deshalb gibt es
dieses Wort auch im Klingonischen nicht.

Es gibt zwar das Wort „to call", also „nennen". Und deshalb gibt es
dieses Wort auch auf Klingonisch:

pong	–	to call, to name	–	nennen, benennen

Aber selbst eingefleischte Klingonisten warnen: „{pong} is a really nasty word." – „{pong} ist ein wirklich lästiges Wort." Man muss behutsam mit ihm umgehen, siehe:

http://klingon.wiki/En/MyNameIs
http://klingon.wiki/De/MeinNameIst

Es kann nämlich sowohl als Verb, wie auch als Substantiv verwendet werden. Als Substantiv erhalten wir:

pong   –   name   –   Name

{pIn pong} bedeutet somit nicht „Tischtennis", sondern „Name des Chefs", da das klingonische Wort {pIn} ganz einfach „Chef" bedeutet. Marc Okrand hat dieses Wort nicht deshalb so gewählt, weil der Chef der Besitzer von ganz vielen PINs (personal identification numbers) ist, sondern weil ein Chef einen immer ärgert, kneift und zwickt (englisch: „to nip").

Und „nip" rückwärts gesprochen ist eben ein {pIn}, einer, der dich dauernd mit irgendwelchen Belanglosigkeiten kneift und zwickt, weil er als Chef zeigen muss, dass er kneifen und zwicken kann.

Das macht Marc Okrand öfters. Eine ganze Reihe von klingonischen Wörtern hat er erfunden, indem er englische Anspielungen vorwärts und sehr oft auch rückwärts einfach klingonisiert hat. Diese „puns", Wortspiele, zu entdecken, ist eine eigenständige Klingonisten-Sportart geworden, siehe:

http://klingon.wiki/En/puns
http://klingon.wiki/De/Wortspiele

{pIn pong} muss hier nun eine besitzanzeigende Verknüpfung von Substantiven sein, „der Name des Chefs", weil {pong} in dieser grammatikalischen Situation nicht als klingonisches Verb genutzt werden kann. Dazu ist die klingonische Grammatik – derzeit – noch zu starr.

Sie kann nur mit einem einzigen direkten Objekt gemäß der Reihenfolge

O – V – S: Objekt – Verb – Subjekt

umgehen. Das ist die Standard-Satzstellung im Klingonischen

http://klingon.wiki/En/Object-verb-subject
http://klingon.wiki/De/Objekt-Prädikat-Subjekt

Ein Satz mit zwei Objekten   O – O – V – S   gibt es im Klingonischen nur mit Einschränkungen bei speziellen Ausnahmefällen (siehe z.B. http://klingon.wiki/De/PrefixTrick) wie dem Präfix-Trick.

Somit ist ein Satz wie {martIn pIn pong.} in der Bedeutung von „Er nennt den Chef Martin." im Klingonischen unmöglich, da dann mit „den Chef" und dessen Name „Martin" zwei Objekte vorhanden wären. Das macht das Wort {pong} für Klingonisten so „nasty", so lästig!

Im letzten Abschnitt hatten wir Verb-Konjugationen für direkte Objekte in der 2. Person Singular, also mit „dich", und der 2. Person Plural, also „euch" vorgestellt. Mit {pong} üben wir nun Objekte in der 1. Person Singular, also für „mich" ein:

[existiert nicht]	–	Ich nenne mich.
chopong	–	Du nennst mich.
mupong	–	Er/Sie/Es nennt mich.
[existiert nicht]	–	Wir nennen mich.
tupong	–	Ihr nennt mich.
mupong	–	Sie nennen mich.

Die letzte Konjugationsform in der 3. Person Plural kann nun verwendet werden, um zu sagen, wie man heißt, indem gesagt wird, wie andere einen nennen. Im Internet findet sich das Beispiel im Sinne von „Klingonen nennen mich …" {… mupong tlhInganpu'.}

In meinem Fall wäre dies:

mI'mey Dop Qaw'wI' mupong tlhInganpu'.
    –   Klingonen nennen mich Zerstörer der negativen Zahlen.

Hoffentlich kommt keiner auf die Idee, dies zu übersetzen als „Klingonen nennen mich den Zerstörer der Seite der Zahlen." Vielleicht haben Zahlen ja irgendeinen Rand, den man kaputt machen kann, da {Dop} auch „Seite, Rand" (englisch: „side") bedeuten kann.

Also bleiben wir lieber irdisch terran:

martIn mupong tera'nganpu'.   –   Terraner nennen mich Martin.

martIn mupong Humanpu'.   –   Menschen nennen mich Martin.

„Ich heiße ..." müsste aber sinnhaftiger übersetzt werden mit „Ich nenne mich ..." Diese Konjugationsform existiert im Klingonischen nicht. Aber es gibt eine Hilfskonstruktion mit Hilfe einer Verb-Nachsilbe, die eine Selbstbezüglichkeit ausdrückt: {-'egh} bedeutet dann „sich selbst". Ich kann mich also selbst nennen. Das ergibt:

jIpong'egh.   –   Ich nenne mich.

Und weiter geht es nicht! Wie ich mich nenne, kann ich hier nicht angeben, denn die Vorsilbe {-jI} ist nur bei Sätzen ohne Objket zulässig. {martIn jIpong'egh.} gibt es nicht. Es ist grammatikalisch schlicht verboten, auf diese Art und Weise „Ich nenne mich selbst Martin." zu sagen.

Zum Glück hat Marc Okrand im Rahmen des Star-Trek-Merchandisings (siehe: http://klingon.wiki/En/SkyBoxCards) bei der Erstellung von Sammelkarten mitgewirkt, auf denen ein entsprechender Satz zu finden ist.

In diesem kanonischen Beispielsatz wird die Typ 5-Verb-Nachsilbe {-lu'} des Klingonischen Wörterbuchs verwendet, die eine Passivkonstruktion ermöglicht:

… vIponglu'.

–	Someone calls me …	=	I am am called …
–	Man nennt mich …	=	Ich werde … genannt.

Das Klingonische Wörterbuch ist da sehr eindeutig: „Thus, {vI-}, which normally means 'I do something to him/her.' when in a verb with {-lu'} means 'someone/something does something to me.'."

Wenn also die Konjugations-Vorsilbe {-vI} verwendet wird und gleichzeitig die Verb-Nachsilbe {-lu'} angefügt ist, bedeutet dies nicht, dass ich (1. Person Singular) etwas ihm oder ihr (3. Person Singular) mache oder tue, sondern umgekehrt, dass eine unbekannte 3. Person Singular, also er/sie/es bzw. man, etwas mir oder mit mir (1. Person Singular) macht oder tut.

Das schauen wir uns ausführlicher und genauer an, indem wir die Verb-Konjugationen mit Objektes in der 3. Person Singular bilden:

vIpong.	–	Ich nenne ihn/sie/es.
Dapong.	–	Du nennst ihn/sie/es.
pong.	–	Er/Sie/Es nennt ihn/sie/es.
wIpong.	–	Wir nennen ihn/sie/es.
bopong.	–	Ihr nennt ihn/sie/es.
lupong.	–	Sie nennen ihn/sie/es.

Bei {pong.} nennt oder benennt somit jemand oder irgendetwas dann eine zweite, andere Person (ihn/sie) oder eine zweite, andere Sache (es). Beim Objekt muss es sich immer um eine zweite, andere Person oder Sache handeln, da selbstreflexive Aussagen in den klingonischen Verbkonjugationen nicht existieren und immer nur hilfsweise durch Nutzung der Nach-silbe {-'egh} konstruiert werden können.

Jetzt bilden wir die Passivform mit Hilfe der Nachsilbe {-lu'}:

26

vIponglu'	–	Ein unbekannter er / Eine unbekannte sie (jemand) / Ein unbekanntes es (irgendetwas) nennt mich
		= Man nennt mich = Ich werde genannt
Daponglu'	–	Ein unbekannter er / Eine unbekannte sie (jemand) / Ein unbekanntes es (irgendetwas) nennt dich
		= Man nennt dich = Du wirst genannt
ponglu'	–	Ein unbekannter er / Eine unbekannte sie (jemand) / Ein unbekanntes es (irgendetwas) nennt ihn/sie/es
		= Man nennt ihn/sie/es = Er/sie/es wird genannt
wIponglu'	–	Ein unbekannter er / Eine unbekannte sie (jemand) / Ein unbekanntes es (irgendetwas) nennt uns
		= Man nennt uns = Wir werden genannt
boponglu'	–	Ein unbekannter er / Eine unbekannte sie (jemand) / Ein unbekanntes es (irgendetwas) nennt euch
		= Man nennt euch = Ihr werdet genannt
luponglu'	–	Ein unbekannter er / Eine unbekannte sie (jemand) / Ein unbekanntes es (irgendetwas) nennt sie
		= Man nennt sie = Sie werden genannt

Im Klingonischen Wörterbuch ist ausdrücklich vermerkt: „This suffix {-lu'} is used to indicate that the subject is unknown, indefinite, and / or general." Das Subjekt ist nicht bekannt, unbestimmt oder pauschal allgemein. Und es wird nie genannt: The subject „is always unstated." Damit ergibt sich zwangsläufig:

mI'mey Dop Qaw'wI' vIponglu'.
– Ich werde Zerstörer der negativen Zahlen genannt.

Ärgerlicherweise – oder besser: Eigenartigerweise – wird diese Ausdrucksform im klingonischen Sprachraum nur sehr selten verwendet. Weit häufiger wird eine Namensbezeichnung mit Hilfe des indirekten Objekts vorgenommen. Dazu wird die Nachsilbe {-vaD} an die entsprechenden Personalpronomen

| jIH – ich | SoH – du | ghaH – er / sie | 'oH – es |
| maH – wir | tlhIH – ihr | chaH / bIH – sie (Plural) | |

27

angefügt, wobei {chaH} eine Gruppe von Sprechenden bezeichnet, während {bIH} für Objekte und für Lebewesen, die nicht sprechen können, verwendet wird. {pong} muss dann immer in der 3. Person Singular stehen, so wie die folgenden Internetbeispiele zeigen:

http://klingon.wiki/De/MeinNameIst:

jIHvaD Quvar ponglu'.   –   Man nennt mich Kuvar.
                                            Ich werde Kuvar genannt.

SkyBox-Sammelkarte #S27, https://klingon.wiki/En/SkyBoxCards:

'oHvaD juHqo' ponglu'.   –   Man nennt es die Heimatwelt.
                                            Es wird die Heimatwelt genannt.

„Heimatwelt", {juHqo'}, nennen Klingonen übrigens den Planeten Kronos, {Qo'noS}, auf dem sie leben.

https://klingon.wiki/En/MountVernon:

George Washington-vaD Sep vav ponglu'.   (Das war 2017.)

Mit den neuen Vokabelfreigaben 2018 für Georgia, {jorja}, (siehe: https://klingon.wiki/Word/Jorja) und 2020 für Washington D. C., {wa'SingtanDIySIy}, (https://klingon.wiki/Word/Wa-SIngtanDIySIy) kann indirekt die vollständig klingonisierte Fassung abgeleitet werden:

jorj wa'SIngtanvaD Sep vav ponglu'.
     –   Man nennt George Washington den Vater des Landes.
                   George Washington wird der Vater des Landes genannt.

Mit entsprechendem Zeitstempel kann dieser Satz natürlich auch in die Vergangenheitsform übersetzt werden.

Wie heiße ich also? „Ich werde Martin genannt, aber ich werde (in Zukunft) Zerstörer der negativen Zahlen genannt werden." In Anlehnung an den Standardsatz {Daqawlu'taH.}, „You will be remembered.", „Man wird sich an dich erinnern." kann diese zukünftige, kontinuierliche, langandauernde Zuschreibung mit Hilfe der Verb-

Nachsilbe {-taH} ausgedrückt werden:

Selten verwendete Sprechweise:

martIn vIponglu' 'ach mI'mey Dop Qaw'wI' vIponglu'taH.

Meistens genutzte Sprechweise:

jIHvaD martIn ponglu' 'ach jIHvaD mI'mey Dop Qaw'wI' ponglu'taH.

Wobei wir immer im Hinterkopf behalten sollten, dass im gesamten Klingonischen Wörterbuch, dem heiligen Gral der klingonischen Grammatik, alle mit Hilfe von {-lu'} gebildeten grammatikalischen Formen ohne eine einzige {-vaD}-Anfügung formuliert werden.

Die ganzen Kalamitäten mit Passivkonstruktionen und dem lästigen {pong} können jedoch umgangen werden, wenn wir uns an englischen Sprachgewohnheiten orientieren. So wird in Englisch-Wörterbüchern üblicherweise die deutsche Frage, wie man heißt,

„Wie heißt du?"   –   „What is your name?"

„Ich heiße …"   –   „My name is …"

durch eine englische Frage nach dem Namen ersetzt. Und da Engländer, Amerikaner und Klingonen sprachlich analog denken, kann auch im Klingonischen das deutsche Wort „heißen" durch eine direkte Namensnennung beantwortet werden:

qarl 'oH pongwIj'e'.   –   Mein Name ist Karl.

Es wird also Zeit, sich die Personalpronomen noch einmal genauer anzusehen. Sie haben im Klingonischen nämlich ein doppeltes, schizoid-zwiespältiges Gesicht. Der Grund dafür ist, dass es in der klingonischen Sprache kein eigenständiges Verb für „sein" gibt.

Deshalb hat Marc Okrand verfügt, dass die Personalpronomen gleichzeitig auch als Ersatzverben für „sein" genutzt werden. Sie besitzen somit ein grammatikalisches Doppelleben:

jIH	–	ich	–	ich bin
SoH	–	du	–	du bist
ghaH	–	er / sie	–	er ist / sie ist
'oH	–	es	–	es ist
maH	–	wir	–	wir sind
tlhIH	–	ihr	–	ihr seid
chaH	–	sie, die Sprechenden (Plural)	–	sie sind
bIH	–	sie, die Sprachunfähigen (Plural)	–	sie sind

Der auf der vorigen Seite angegebene Satz kann also übersetzt werden als:

qarl 'oH pongwIj'e'.

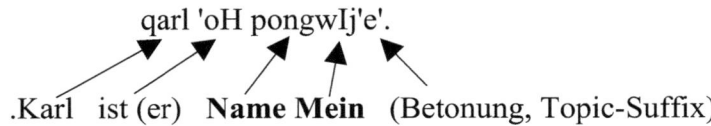

.Karl ist (er) **Name Mein** (Betonung, Topic-Suffix)

Dieser typische Satz entspricht wieder rückwärts gesprochenem Deutsch. Das Topic-Suffix {-'e'} eliminiert dabei das Personalpronomen „er", da das betonte „Mein Name" als Subjekt an die Stelle dieses Personalpronomens tritt. Übungshalber bilden wir weitere Beispielsätze:

martIn 'oH pongwIj'e'.   –   Mein Name ist Martin.
    = Ich heiße Martin.

martIn'a' 'oH ponglIj'e'.   –   Dein Name ist Martina.
    = Du heißt Martina.

'albert 'oH pongDaj'e'.   –   Sein Name ist Albert.
    = Er heißt Albert.

'alberta' 'oH pongDaj'e'.   –   Ihr Name ist Alberta.
    = Sie heißt Alberta.

to'maS yo'naS je bIH pongmeymaj'e'.
    – Unsere Namen sind Thomas und Jonas.
    = Wir heißen Thomas und Jonas.

maghI'ya' mara je bIH pongmeyraj'e'.
    – Eure Namen sind Maria und Mara.
    = Ihr heißt Maria und Mara.

qarl qarl'a' qarl'oS je bIH pongmeychaj'e'.

— Ihre Namen sind Karl, Karla und Carlos.
.= Sie heißen Karl, Karla und Carlos.

So lernen wir gleich die klingonischen Possessivpronomen als besitzanzeigende Fürwörter kennen, die in diesen Beispielsätzen verwendet werden und in Form von Nachsilben an das Substantiv anzuhängen sind:

-wIj	—	mein	-maj	—	unser
-lIj	—	dein	-raj	—	euer
-Daj	—	sein, ihr	-chaj	—	ihre

Diese Possessivsuffixe werden für Dinge (hier zum Beispiel der Namen) und für Lebewesen, die sprachunfähig sind, verwendet. Bei Lebewesen, die sprechen können, wird der Endbuchstabe {j} durch den Stoppbuchstaben {'} ersetzt.

Wenn wir also gefragt werden

'Iv SoH ? — Wer bist du?

nuq 'oH ponglIj'e' ? — Was ist dein Name? Wie lautet dein Name?
= Wie heißt du?

können wir mit den angegebenen Beispielsätzen antworten. Doch es gibt eine weitere sehr zielstrebige, einfache, schnörkellose (englisch: „straightforward") und klingonisch direkte Antwortmöglichkeit: Wir sagen einfach, wer wir sind. Die entsprechenden Personalpronomen kennen wir ja schon.

Hier die Beispielsätze in dieser effektiv knappen Art der Namensnennung:

martIn jIH. — Ich bin Martin.
martIn'a' SoH. — Du bist Martina.
'albert ghaH. — Er ist Albert.

'alberta' ghaH.   –   Sie ist Alberta.
mI'mI' 'oH 'ej Sajmaj 'oH. –   Es ist Mimi und es ist unser Haustier.
to'maS yo'naS je maH.   –   Wir sind Thomas und Jonas.
maghI'ya' mara je tlhIH. –   Ihr seid Maria und Mara.
qarl qarl'a' qarl'oS je chaH.– Sie sind Karl, Karla und Carlos.
tom jerghI' je bIH 'ej yIHmey bIH.   –   Sie sind Tom und Jerry
                                           und sie sind Tribbles.

Damit endet dieser Abschnitt zwangsläufig mit dem unvermeidlichen
kanonischen Satz, der sich auf

http://klingon.wiki/Wort/YIH

findet:

rut yIHmey ghom Hoch.

.gelegentlich Tribbles (auf) trifft Jeder

Und wenn das passiert, dann trifft man nicht nur auf einen Tribble,
sondern auf {yIHmey}, eine wahre Invasion von Tribbles!

quSDaq bIba'ba'be'. – quSDaq bIba'be'ba'.

Kann der Unterricht beginnen? Bevor der Unterricht beginnen kann, müssen wir die Türe des Unterrichtsraums schließen, ebenso die Fenster. Wir setzen uns und dann kann es los gehen. Für diese Findungsphase schaffen wir uns jetzt einen sprachlichen Überblick.

Wir beginnen mit der Platzsuche. Dafür gibt es eine wichtige kanonische Frage, die im Klingonischen Wörterbuch und im Internet unter

http://klingon.wiki/Wort/KuS
http://klingon.wiki/Word/KuS

aufgeführt ist:

quSDaq ba'lu''a' ? — Is this seat taken?
                    — Ist dieser Platz besetzt?

Und schon ist alles ein großes Durcheinander! Das englische „to take" bedeutet ja wörtlich auf deutsch: „nehmen" oder „annehmen". Das englische „Is this seat taken?" müsste also wörtlich mit „Ist dieser Platz besetzt (also schon genommen worden)?" übersetzt werden. In Wörterbüchern wie zum Beispiel

https://de.pons.com/übersetzung/englisch-deutsch/is+this+seat+taken

findet sich üblicherweise jedoch die Angabe: „Ist dieser Platz frei?"

Und umgekehrt zeigt die Seite

https://de.pons.com/übersetzung/englisch-deutsch/is+this+chair+free

die deutsche Übersetzung „Ist der Stuhl hier schon belegt?" für das englische „Is this chair free?" Wenn schon die deutsch-englische Übersetzung so chaotisch inkonsistent verläuft, wie soll es dann erst mit dem Klingonischen werden?

Wieso können wir nicht einfach mit Hilfe von

tlhab	–	to be free	–	frei sein
		to be independent		unabhängig sein
chIm	–	to be empty	–	leer sein
		to be deserted		verwaist sein
quS	–	chair	–	Stuhl
-vam	–	this (suffix)	–	diese, dieser (Nachsilbe)
quSvam	–	this chair	–	dieser Stuhl
chIm quSvam.	–	This chair is empty.	–	Dieser Stuhl ist leer.

fragen:

chIm'a' quSvam ?   –   Ist dieser Stuhl frei?

Natürlich können wir das, obwohl Klingonen vielleicht einen Unterschied zwischen „frei", also „unbesetzt" und „leer" machen werden. Ein Stuhl kann ja gleichzeitig leer und besetzt sein, weil der Platzinhaber eben nur kurz auf die Toilette musste. Es sitzt dann gerade niemand auf dem Stuhl, obwohl der Stuhl besetzt ist.

Bleiben wir also bei der kanonischen Frage:

quSDaq ba'lu"a' ?

Was sehen wir hier? Die Antwort ist einfach: Wir sehen hier eine grammatikalische Struktur, die typisch deutsch ist! Und wir haben eine grammatikalische Struktur, die rüpelhaft unlogisch ist.

Ohne das Frage-Suffix {-'a'} ergibt sich die folgende Aussage:

quSDaq ba'lu'.

Aufgrund der Nachsilbe {-lu'} muss es sich um eine Passivform handeln. Schauen wir uns das erst einmal im Deutschen an, beispielsweise anhand der Verben „sitzen" {ba'} und „fliegen" {puv}.

34

Präsens	Perfekt	Passiv
Ich fliege.	Ich bin geflogen.	Ich werde geflogen.
Du fliegst.	Du bist geflogen.	Du wirst geflogen.
Er fliegt.	Er ist geflogen.	Er wird geflogen.
Wir fliegen.	Wir sind geflogen.	Wir werden geflogen.
Ihr fliegt.	Ihr seid geflogen.	Ihr werdet geflogen.
Sie fliegen.	Sie sind geflogen.	Sie werden geflogen.
Ich sitze.	Ich bin gesessen.*	Ich werde gesessen.
Du sitzt.	Du bist gesessen.	Du wirst gesessen.
Er sitzt.	Er ist gesessen.	Er wird gesessen.
Wir sitzen.	Wir sind gesessen.	Wir werden gesessen.
Ihr sitzt.	Ihr seid gesessen.	Ihr werdet gesessen.
Sie sitzen.	Sie sind gesessen.	Sie werden gesessen.

*Nebenbemerkung: Wir können auch gesessen haben – beispielsweise im Gefängnis: „Er hat im Gefängnis gesessen."

Nein, **nein**, **nein**, das mit der Passivform funktioniert so nicht. Wir werden nicht gesessen. Wir werden höchstens geflogen. Der Stuhl wird nicht gesessen. Der Stuhl wird höchstens im Frachtraum eines Flugzeugs geflogen. Logisch ist das nicht.

Aber: Auf dem Stuhl wird gesessen.

Der Grund ist einfach: „sitzen" ist ein intransitives Verb, das kein direktes Objekt bindet, siehe

https://de.wikipedia.org/wiki/Intransitivität_(Grammatik)

„sitzen" bildet kein persönliches Passiv.

Hier ist die deutsche Sprache hochgradig unlogisch. Wie besitzen einen Stuhl. Wir sitzen aber keinen Stuhl. Sehr eigenartig. Und das

Seltsame ist: Im Klingonischen ist es genau gleich. Auch dort kann nicht gesagt werden: {quS vIba'.} **nein**, **nein**, **nein**, „Ich sitze einen Stuhl." **nein**, **nein**, **nein**!

Wir können lediglich sagen: {quSDaq jIba'.} „Ich sitze auf einem Stuhl." Da sind die deutsche und die klingonische Grammatik vollkommen äquivalent. Man muss es halt nur rückwärts hinschreiben:

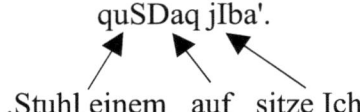

Und die gleiche Rückwärts-Regel gilt für das Besitzen: {ghaj}, „to have", „to possess" entspricht dem deutschen Verb „haben", „besitzen" und ist transitiv:

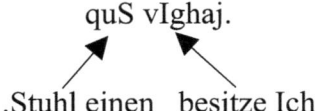

Und mit dieser typisch deutschen Grammatik geht es auch bei der Passivbildung weiter, …

… wobei das Klingonische keine Artikel kennt und deshalb auch keinen Unterschied zwischen „ein Stuhl", „einem Stuhl", „der Stuhl" oder „dem Stuhl" macht. Es ist klingonisch alles nur „Stuhl",{quS}.

Diese Reduzierung auf das Wesentlich ist sprachlich wertvoll, da sie die Aussageform weniger aufwändig macht. Wieso heißt es im Deutschen „Ich sitze **auf** dem Stuhl.", aber „Ich sitze **im** Sessel." ?

Da reduziert sich das Klingonische mit der Orts-Nachsilbe {-Daq} auf den wesentlichen Inhaltskern:

{quSDaq}   =   auf dem Stuhl
{pIn quSDaq} =   im Sessel

wenn die Wortneuschöpfung

{pIn quS} = Stuhl des Chefs = Chefsessel = Sessel

erlaubt sein sollte. Oder sollten wir lieber

{quS'a' churHa'qu'Daq} = auf dem sehr bequemen großen Stuhl
                         = im Sessel

oder

{wa' ba'wI'vaD quSlabDaq} = auf der Couch für einen Sitzenden
                           = im Sessel

oder

{veD quS tInDaq} = auf dem großen Pelzstuhl
                  = im Sessel

sagen, da Marc Okrand immer noch kein eigenes Wort für Sessel erfunden hat? Bei diesen noch zahlreich fehlenden Worten wird das Klingonische dann einerseits sehr lustig, sehr kreativitätsfördernd, aber eben auch sehr, sehr löcherig und zusätzlich missverständlich.

Hier hat Marc Okrand noch einiges in Sachen Worterfindungen zu tun, bevor er diesen Planeten eines Tages Richtung Nirwana, dem seltsamen klingonischen Paradies {QI'tu'}, verlassen wird. Und dieses Paradies ist wirklich nichts für pazifistische Seelen: {QI' tu'.} mit Lücke bedeutet: „Er findet das Militär." Das also erwartet uns nach dem Tod!

Aber noch leben wir und können jetzt immerhin fragen:

quSDaq ba'lu'.   –   Auf dem Stuhl wird gesessen.
                             = Der Platz ist besetzt.

quSDaq ba'lu''a' ?   –   Wird auf dem Stuhl gesessen?
                             = Ist der Platz besetzt?

quSvamDaq ba'lu"a' ?   –   Wird auf diesem Stuhl gesessen?
= Ist dieser Platz besetzt?

Die Antwort auf diese Frage lautet dann entweder

HIja'. quSvamDaq ba'lu'.   –   Ja, dieser Platz ist besetzt.

oder

ghobe'. quSvamDaq ba'lu'be'.   –   Nein, dieser Platz ist nicht besetzt.

ghobe'. quSvamDaq ba'be'lu'.   –   Nein, dieser Platz ist nicht besetzt.

Und hier gibt es unter Klingonisten jede Menge Streitereien, welche Version denn nun was genau bedeutet, siehe den Abschnitt „The difference between {-lu'be'} and {-be'lu'}" auf der Internetseite

http://klingon.wiki/En/Type5VerbSuffixes

Das ist alles hochphilosophisch und natürlich absolut welttragend. Deshalb antworten wir besser:

ghobe'. chIm quSvam.   –   Nein, dieser Platz ist frei.

Vielleicht antworten Sie unter Umständen auch …

quSvamDaq ba'.   –   Er / Sie sitzt auf diesem Platz.

quSvamDaq ba' ghaH.   –   **Er / Sie** sitzt auf diesem Platz.
(mit Betonung)

… und zeigen dann auf jemanden:

quSDaj 'oH.   –   Es ist sein / ihr Stuhl / Platz.

Aber antworten Sie bitte nicht, niemals und nie, wirklich nie:

quSDaq jIba'.	–	Ich sitze auf dem Stuhl.	**Nein!**
quSDaq bIba'.	–	Du sitzt auf dem Stuhl.	**Nein!**
quSDaq ba'.	–	Er / Sie sitzt auf dem Stuhl.	**Nein!**

quSDaq maba'.	—	Wir sitzen auf dem Stuhl.	**Nein!**
quSDaq Suba'.	—	Ihr sitzt auf dem Stuhl.	**Nein!**
quSDaq ba'.	—	Sie sitzen auf dem Stuhl.	**Nein!**

Bei {quSDaq ba'.} handelt es sich um einen idiomatischen Ausdruck, eine feststehende Redewendung:

http://klingon.wiki/En/Idioms
http://klingon.wiki/De/Redewendungen

Sie bedeutet so viel wie: „That's obivous!", also „Das ist offensichtlich!" Jeder Klingone und jede Klingonin wird die gerade genannten Sätze leicht ironisch verstehen und übersetzen mit:

quSDaq jIba'.	—	Was ich sage versteht sich von selbst.
quSDaq bIba'.	—	Was du sagst versteht sich von selbst.
quSDaq ba'.	—	Was er / sie sagt versteht sich von selbst.
quSDaq maba'.	—	Was wir sagen versteht sich von selbst.
quSDaq Suba'.	—	Was ihr sagt versteht sich von selbst.
quSDaq ba'.	—	Was sie sagen versteht sich von selbst.

Das steckt auch hinter der Kapitelüberschrift. Sie weist – in Anlehnung an ein Stottergedicht –

http://klingon.wiki/En/StutterWords
http://klingon.wiki/De/Stotterwörter

eine doppelte Bedeutung für die klingonische Silbe {ba'} auf. Einerseits kann {ba'} als das Verb „sitzen" übersetzt werden. Andererseits kann die Silbe {ba'} auch als Verb-Nachsilbe für offensichtliche Aussagen verstanden werden. {bIba'ba'} enthält somit eine doppelte Offensichtlichkeit:

quSDaq bIba'.	—	Was du sagst versteht sich von selbst.
		= Was du sagst ist offensichtlich.
quSDaq bIba'ba'.	—	Was du sagt ist offensichtlich offensichtlich.

Oder aber auch:

quSDaq bIba'ba'be'. – Was du sagt ist offensichtlich nicht offensichtlich.
quSDaq bIba'be'ba'. – Was du sagt versteht sich offensichtlich
nicht von selbst.
= Offensichtlich ist das, was du sagst, nicht
offensichtlich.

Als Anfängerinnen und Anfänger sollten wir jedoch offensichtlich
nur Offensichtliches sagen. Wir üben ja noch.

Was wird also ein Dozent sagen, der den Klassenraum betritt und
möchte, dass sich alle hinsetzen?

Die klingonisch direkte und einfachste Anweisung lautet:

peba' ! – Setzt euch! = Setzt euch hin!
yIba' ! – Setz dich! = Setz dich hin!

Klingonen dürfen das. Klingonen dürfen schroff und direkt sein. So
sind sie halt. Wir aber sind Menschen. Wir sollten etwas höflicher
sein. Vielleicht sollten wir „Bitte, setzt euch hin!" sagen. Doch wie
sagen man „bitte"?

Immerhin gibt es Außerirdische, die sehr gerne „bitte" sagen. Der
Kleine Prinz von Antoine de Saint-Exupéry …

http://klingon.wiki/De/DerKleinePrinz
http://klingon.wiki/En/TheLittlePrince

… ist ein solcher Außerirdischer und er sagt:

HIbelmoH … DI'raq yIwev ! – Bitte … zeichne mir ein Schaf!

Wieder ein Befehl, aber ein höflicher:

pewev !	–	Zeichnet!
yIwev !	–	Zeichne!

Diese Übersetzung ist hier jedoch nicht richtig. Wir haben ein Objekt, nämlich das Schaf {DI'raq}. Und deshalb muss die grammatikalisch vollständige Übersetzung lauten:

yIwev !	–	Zeichnet ihn / sie / es!
yIwev !	–	Zeichne ihn / sie / es!

Aber als Physiker ist es mir ein Rätsel, warum Marc Okrand die Vokabel für ein Schaf nach Paul Adrien Maurice Dirac (1902 – 1984) benennt. Dirac war einer der Allergrößten. Und er war kein Schaf.

DI'	–	überarbeiten, korrigieren, modifizieren,
DI'	–	wenn, sobald (Verb-Nachsilbe)
raq	–	redundant sein, sich wiederholen
DI'raq	–	klingonisches Schaf
qar	–	genau sein, präzise sein, korrekt sein
'ID	–	[Das Wort ist unbekannt.]
'IDnar	–	Magie, Zauberei
nar	–	reflektieren, spiegeln, zurückprallen

Sobald es redundant ist, ist es ein Schaf: raqDI' DI'raq 'oH.

Oder rückwärts: qar 'IDnar.   –   Die Magie ist korrekt / präzise.
                                                  (aber ohne zu spiegeln = Dirac)

Marc Okrand hat schon einen seltsamen Humor.

Aber zurück zum Wort „bitte": {HIbelmoH}

bel	–	erfreut sein, vergnügt sein
belmoH	–	erfreuen, jemanden erfreut machen

Und dieses Erfreuen kann man nun befehlen, zuerst ohne Objekt:

yIbelmoH !	–	Erfreue! Mache erfreut!
pebelmoH !	–	Erfreut! Macht erfreut!

Und jetzt mit Objekt in der 1. Person Singular:

HIbelmoH !	–	Erfreue mich! Mache mich erfreut!
HIbelmoH !	–	Erfreut mich! Macht mich erfreut!

Objekt in der 3. Person Singular:

yIbelmoH !	–	Erfreue ihn/sie/es! Mache ihn/sie/es erfreut!
yIbelmoH !	–	Erfreut ihn/sie/es! Macht ihn/sie/es erfreut!

Objekt in der 1. Person Plural:

ghobelmoH !	–	Erfreue uns! Mache uns erfreut!
ghobelmoH !	–	Erfreut uns! Macht uns!

Objekt in der 3. Person Plural:

tIbelmoH !	–	Erfreue sie! Mache sie erfreut!
tIbelmoH !	–	Erfreut sie! Macht sie erfreut!

Das einfache menschliche Wort „bitte", „please" muss also in der angepassten klingonischen Fassung immer mitkonjugiert werden. Klingonen vermeiden dieses Wort. Aber wir sind Menschen. Wir sagen sehr oft bitte – und danke!

Wenn der Unterricht beginnen soll, kann der Dozent somit sagen:

HIbelmoH 'ej yIba' !
          –   Erfreue mich und sitz! = Bitte setze dich!
HIbelmoH 'ej peba' !
          –   Erfreut mich und sitzt! = Bitte setzt euch!

Aber er kann auch einfach das sagen, was wir auch sonst so im Unterricht zu hören bekommen: Könnt ihr euch setzen? Das ist einfach und funktioniert mit der Verb-Nachsilbe {-laH}:

bIba'.	–	Du sitzt.
bIba'laH.	–	Du kannst sitzen.
bIba'laH'a' ?	–	Kannst du sitzen?

Oder eben: Suba'laH'a' ?   –   Könnt ihr sitzen?

Doch „sitzen" (englisch: „to sit") und setzen (englisch: „to sit down") sind zwei inhaltlich verschiedene Worte. Beim Sitzen ist man inaktiv und befindet sich in einem Zustand, während man beim Setzen eine Aktion durchführt und eine Zustandsänderung erfährt.

Zustandsänderungen können im Klingonischen als Verursachen eines neuen Zustands aufgefasst werden und so mit Hilfe der Typ-4-Nachsilbe {-moH} ausformuliert werden.

„Sich setzen" bedeutet also:

„sich sitzend machen" = „verursachen, dass man sitzt"

bIba'.	–	Du sitzt.
bIba'moH.	–	Du verursachst, dass du sitzt.

{-laH} ist eine Typ-5-Nachsilbe und kommt deshalb hinter {-moH}:

bIba'moHlaH.	–	Du kannst verursachen, dass du sitzt.
bIba'moHlaH'a' ?	–	Kannst du verursachen, dass du sitzt?

Jetzt haben wir es endlich hinbekommen:

bIba'moHlaH'a' ?   –   Kannst du dich hinsetzen?

Suba'moHlaH'a' ?   –   Könnt ihr euch hinsetzen?

So, jetzt sitzen alle. Doch die Tür ist noch offen und durch das geöffnete Fenster dringt der Straßenlärm. So ein Mist!

lojmIt poSDaq Daq pagh.

Bevor der Unterricht beginnen kann, müssen wir die Türe des Unterrichtsraums schließen, ebenso die Fenster …

Tür	–	door	–	lojmIt
Fenster	–	window	–	Qorwagh
offen, geöffnet sein	–	to be open	–	poS
öffnen	–	to open	–	poSmoH
zu, geschlossen sein	–	to be closed, shut	–	SoQ
schließen	–	to close, to shut	–	SoQmoH

Übrigens heißt „Samstag" auf Klingonisch {lojmItjaj}, also „Türtag", da ein gewisser Herr Kite am Bishopsgate, der Bischoffstür oder dem Bischoffstor, am Samstag seinen Auftritt hatte – zumindest sangen das die Beatles wohl so:

https://de.wikipedia.org/wiki/Being_for_the_Benefit_of_Mr._Kite!

Und natürlich hat auch das Fenster, {Qorwagh}, eine versteckte Hintergrundgeschichte:

ganz kleine Auseinandersetzung, eher ein Schattenboxen	–	Qor
teuer sein	–	wagh

Fenster sind also ein „teures Schattenboxen" {Qor wagh}. Das stimmt, sie können in unseren mitteleuropäischen Breiten mit Mehrfachgläsern zur modernen Wärmeisolation sehr teuer sein. Und wenn die Scheiben nicht geputzt sind, sieht man auf der Staubschicht, wie die Schatten vermeintlich miteinander kämpfen.

Aber die eigentliche Hintergrundbedeutung erschließt sich, wenn das Fenster rückwärts als {ghaw roQ} gelesen wird: {ghaw} bedeutet als klingonisches Wort so viel wie „ein Loch graben", „ein Loch ausschachten" (englisch: „to excavate [a hole, a trench]") – und das passiert ja im übertragenen Sinne beim Fensterbau: Fenster sind aus der

Wand herausgebrochene Löcher. Und es sind eben viele Fenster, viele Löcher. Deshalb muss man nicht nur ein Loch in einer Wand ausschachten, sondern viele. Das steckt hinter dem Verb {roQ}, das einerseits „to put down", „herunternehmen" oder „weglegen" bedeutet, aber im Laufe der Zeit einen Bedeutungswandel erfahren hat, da es im Computerbereich schlichtweg für den Ausdruck „to paste", also „kopieren" genutzt wird.

Damit erhalten wir mit den entsprechenden Satzzeichen zwei sehr einfache Sätze für unser schönes Fenster:

<blockquote>ghaw. roQ.　　=　　Er schachtet ein Loch aus. Er kopiert es.</blockquote>

So, das Fenster ist geöffnet:　　　　　　poS Qorwagh.
Oder das offene Fenster ist geöffnet:　poS Qorwagh poS.
Und wahrscheinlich gibt es mehrere Fenster, die geöffnet sind.
　　　　　　　　　　　　　　　poS Qorwaghmey.

Diese sollten geschlossen werden!

Klingonen befehlen dies sehr direkt:

Qorwagh yISoQmoH !　　　–　　Schließe das Fenster!
Qorwagh yISoQmoH !　　　–　　Schließt das Fenster!

Aber es sind ja mehrere Fenster geöffnet:

Qorwaghmey tISoQmoH !　–　　Schließe die Fenster!
Qorwaghmey tISoQmoH !　–　　Schließt die Fenster!

In diesem Fall macht das Klingonische also keinen Unterschied, ob wir den Befehl einer einzigen Person geben oder mehreren Personen.

Als Menschen in einem Unterrichtsraum sollten wir aber keine Befehle brüllen, sondern leise, aber bestimmt unsere Anweisung mit dem humanen Wort „Bitte" unterlegen:

HIbelmoH 'ej Qorwagh yISoQmoH !
—   Bitte schließe das Fenster!
—   Bitte schließt das Fenster!

HIbelmoH 'ej Qorwaghvam yISoQmoH !
—   Bitte schließe dieses Fenster!
—   Bitte schließt dieses Fenster!

HIbelmoH 'ej Qorwaghmey tISoQmoH !
—   Bitte schließe die Fenster!
—   Bitte schließt die Fenster!

HIbelmoH 'ej Qorwaghmeyvam tISoQmoH !
—   Bitte schließe diese Fenster!
—   Bitte schließt diese Fenster!

Hier haben wir noch das Hervorhebungs-Suffix {-vam} eingefügt, um die deutsche Hervorhebung durch „diese/dieses" zu veranschaulichen.

Und wir sind wirklich keine Klingonen, sondern zurückhaltende Menschen und wollen manchmal sehr höflich sein. Dann verstärken wir das Wort „Bitte" durch den Verstärkungs-Rover {-qu'}:

HIbelmoHqu' 'ej Qorwaghmeyvam tISoQmoH !
—   **Bitte** schließe diese Fenster!
—   **Bitte** schließt diese Fenster!

Und wenn sich niemand rührt und jeder und jede nur weiter auf sein Smartphone blickt, dann werden wir deutlich und verwenden das Wort {SIbI'}, „sofort" (englisch: „immediately"):

HIbelmoH 'ej SIbI' Qorwaghmey tISoQmoH !
—   Bitte schließe sofort die Fenster!
—   Bitte schließt sofort die Fenster!

Und wenn alles nicht hilft, fügen wir noch ein {Ha' !} für „Let's go!", also auf deutsch: „Los gehts!", an:

46

HIbelmoH 'ej SIbI' Qorwaghmey tISoQmoH ! Ha' !
  —   Bitte schließe sofort die Fenster! Los geht's!
  —   Bitte schließt sofort die Fenster! Los geht's!

Aber natürlich sollten wir auf einen Kasernenhofton verzichten und lieber mit Hilfe der {-laH}-Konstruktion zurückhaltend höflich sein:

Qorwagh DaSoQmoH.   —   Du schließt das Fenster.
Qorwagh DaSoQmoHlaH.   —   Du kannst das Fenster schließen.
                         =   Dir ist es möglich, das Fenster zu schließen.

⇒   Qorwagh DaSoQmoHlaH'a' ?
  —   Kannst du das Fenster schließen?
  =   Ist es dir möglich, das Fenster zu schließen?

Und wenn wir nicht klingonisch duzen, sondern menschlich Siezen wollen, ergibt sich:

⇒   Qorwagh DaSoQmoHlaHneS'a' ?
  —   Können Sie (Singular) das Fenster schließen?
  =   Ist es Ihnen möglich, das Fenster zu schließen?

Selbstverständlich muss dies noch in der zweiten Person Singular mit Hilfe der Verb-Vorsilbe {Da-} formuliert werden. Und wir können auch wieder mehrere Menschen im Plural ansprechen:

⇒   Qorwagh boSoQmoHlaH'a' ?
  —   Könnt ihr das Fenster schließen?
  =   Ist es euch möglich, das Fenster zu schließen?

⇒   Qorwagh boSoQmoHlaHneS'a' ?
  —   Können Sie (Plural) das Fenster schließen?
  =   Ist es Ihnen möglich, das Fenster zu schließen?

Die Höflichkeitsform erhält man hier wieder nicht etwa dadurch, dass man von der zweiten in die dritte Person wechselt, sondern durch das Anfügen der Ehrerbietungs-Nachsilbe {-neS}.

So, das Fenster ist nun zu, oder die Fenster sind zu. Jetzt ist die Tür dran. Natürlich funktioniert das alles so, wie wir es beim Fenster auf den vorangegangenen Seiten besprochen haben. Wir müssen in den angegebenen Beispielsätzen lediglich das Wort für „Fenster", {Qorwagh}, durch das Wort {lojmIt} für „Türe" ersetzen.

Alles ganz simpel! Doch erst einmal einige Ergänzungen zum Begriff der „Tür". Im Klingonischen ist eine Türe nämlich ein ganz komisches Ding, denn das Wort {lojmIt} setzt sich aus den beiden Bestandteilen

loj	–	to be all gone	–	alles fort sein
mIt	–	to be all appropriate	–	geeignet sein

Das ergibt wieder zwei knappe Sätze:

loj. mIt. = Er ist vollkommen fort. Er ist geeignet.

Leider beschreibt dies keine Türe.

Hier ist es halt wie so oft: Die Wahrheit liegt im Rückwärtslesen. Schauen wir uns also anstelle von {lojmIt} einen Tim an, mit dem etwas gemacht wird: {tImjol}.

tIm	–	Dies ist kein klingonisches Wort, sondern „Tim" muss einer der Freunde oder Bekannten von Marc Okrand sein, die er in seinen klingonischen Wortschöpfungen so zahlreich verewigt. Sogar die eineiigen Zwillinge „Pat" und „Phil" verewigte er (http://klingon.wiki/De/Wortspiele) – einfach so, just for fun, weil es ihm Spaß macht.
jol	–	to beam (aboard) – (an Bord) beamen

Damit bedeutet {tIm jol.} als Satz gefasst und getrennt geschrieben:

tIm jol. – Er beamt Tim an Bord.

Und dieses Beamen, dieses „Transportersystem" {jolpat} klingoni-scher und star-treklicher Raumschiffe, ist ja die übliche Tür in diese Raumschiffe hinein. So betritt man diese am einfachsten. {lojmIt} macht also Sinn, zumindest in dieser sterilen Raumschiff- und Welt-raumwelt. (Wem dies alles zu weit hergeholt scheint, darf das auch gerne als übertrieben ansehen. Klingonisch ist in jeder Hinsicht ja nichts anderes als eine ewige, kaum zu überbietende Übertreibung.)

Doch Zeit ist Geld. Deshalb wollen wir Türen und Fenster {lojmItmey Qorwaghmey je} gleichzeitig schließen lassen. Dieses klingonische „und", {je} verknüpft dabei zwei Hauptwörter – im Gegensatz zu dem rückwärts geschriebenen {'ej}, das zwei Sätze durch „und" verbindet.

Hier also eine kurze, an die neue Situation angepasste Auflistung:

Bitte schließe diese Fenster und die Türen!
Bitte schließt diese Fenster und die Türen!
    = HIbelmoH 'ej Qorwaghmeyvam lojmItmey je tISoQmoH !

Bitte schließe sofort diese Fenster und die Türen! Los gehts!
Bitte schließt sofort diese Fenster und die Türen! Los gehts!
    = HIbelmoH 'ej SIbI' Qorwaghmeyvam lojmItmey je
      tISoQmoH ! Ha' !

Kannst du diese Fenster und die Türen schließen?
Ist es dir möglich, diese Fenster und die Türen zu schließen?
    = Qorwaghmeyvam lojmItmey je DaSoQmoHlaH'a' ?

Können Sie (Singular) diese Fenster und die Türen schließen?
Ist es Ihnen möglich, diese Fenster und die Türen zu schließen?
    = Qorwaghmeyvam lojmItmey je DaSoQmoHlaHneS'a' ?

Könnt ihr diese Fenster und die Türen schließen?
Ist es euch möglich, diese Fenster und die Türen zu schließen?
    = Qorwaghmeyvam lojmItmey je boSoQmoHlaH'a' ?

Können Sie (Plural) diese Fenster und die Türen schließen?
Ist es Ihnen möglich, diese Fenster und die Türen zu schließen?
= Qorwaghmeyvam lojmItmey je boSoQmoHlaHneS'a' ?

Endlich sind die Türen und Fenster zu! Endlich! Dafür bedanken wir uns als Dozentin oder Dozent natürlich bei den Studentinnen und Studenten. Das geht klingonisch knapp und trocken mit

| toH ! | – | So, na gut! | maj ! | – | Gut! |
| Su' ? | – | Fertig? | majQa' ! | – | Sehr gut! |

Ein menschliches „Danke!" in der Form „Ich danke euch!" erhält man durch das Verb „danken", {tlho'}, das natürlich konjugiert werden muss:

jItlho'.	–	Ich danke.		
qatlho'.	–	Ich danke dir.		
	⇒	qatlho'neS.	–	Ich danke Ihnen (Singular).
vItlho'.	–	Ich danke ihm/ihr.		
Satlho'.	–	Ich danke euch.		
	⇒	Satlho'neS.	–	Ich danke Ihnen (Plural).
vItlho'.	–	Ich danke ihnen (klein geschrieben!).		

Und wenn mehrere Personen gleichzeitig „Danke!" sagen wollen, erhalten wir:

matlho'.	–	Wir danken.		
pItlho'.	–	Wir danken dir.		
	⇒	pItlho'neS.	–	Wir danken Ihnen (Singular).
wItlho'.	–	Wir danken ihm/ihr.		
retlho'.	–	Wir danken euch.		
	⇒	retlho'neS.	–	Wir danken Ihnen (Plural).
DItlho'.	–	Wir danken ihnen (klein geschrieben!).		

Echte Klingonen und handfeste menschliche Klingonier nutzen diese Art des Dankens übrigens nur bei Extremereignissen, beispielsweise, wenn einem gerade das Leben gerettet wurde. Wenn Ihnen jemand den Kugelschreiber aufhebt, ist das in der Star-Trek-Welt keinen großen Dank wert, und man dankt Ihnen dort höchsten mit dem eingangs aufgeführten spröden {majQa' !}.

Wir aber sind humane Menschen! {Humanpu' maH !} Immer noch, auch wenn wir uns Klingonen-Masken vor die Stirn kleben! Deshalb sollten wir uns auch immer auf eine menschliche Art bedanken: ausführlich und aufrichtig – und dazu passt das Verb {tlho'}.

Es gibt übrigens noch ein zweites Verb, {quv}, „geehrt sein" (englisch: „to be honored") und daraus abgeleitet {quvmoH}, „das Geehrtsein verursachen", also „ehren", für das das Gleiche gilt. Auch dieses Wort kann als Ausdruck des Dankes verwendet werden, und Marc Okrand (http://klingon.wiki/En/ThankYou) hat das selber einige Mal getan.

Deshalb schauen wir uns auch hier die entsprechenden Konjugationen an. Dabei drücken wir unseren Dank aus, indem wir sagen, dass wir uns geehrt fühlen, bzw. dass unser oder unsere Gegenüber uns ehren:

jIquv.	–	Ich bin geehrt.
choquvmoH.	–	Du ehrst mich.
tuquvmoH.	–	Ihr ehrt mich.
maquv.	–	Wir sind geehrt.
juquvmoH.	–	Du ehrst uns.
chequvmoH.	–	Ihr ehrt uns.

Dies ist jedoch eine etwas elaborierte Art und Weise, sich zu bedanken. Kann man aber so machen – kein Problem, no problem {qay'be' !}

Und dieses {qay'be' !} könnte auch eine Gegenantwort sein, wenn jemand „danke", {qatlho'}, sagt. Schließlich erwidern wir als Menschen auf ein „danke" oft mit dem Gegenwort „bitte, kein Problem."

Oder hätten wir die Türe lieber offen lassen sollen?

Schließlich besagt ein weit verbreitetes klingonisches Sprichwort, das unter

https://klingon.wiki/Wort/PoS

zu finden ist:

Dieses Sprichwort ist übrigens selbstwidersprüchlich. Klingonen drücken damit aus, dass gerade an einer geöffneten Tür heimlich gelauscht wird! Und das kommt so:

Das Wort {poS} ist doppeldeutig. Es bedeutet nicht nur als Eigenschaftsverb „geöffnet sein", sondern auch als Substantiv „linke Seite". Damit ergibt sich die zweite, alternative Übersetzung:

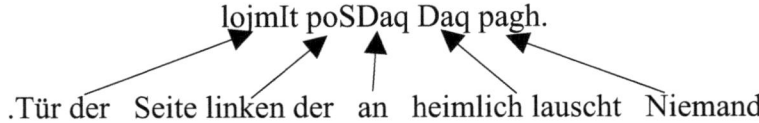

Links wird nicht spioniert, an der rechten Seite der Tür aber schon! Und weil eben von rechts doch heimlich gelauscht wird, sollte die Tür auf jeden Fall und unbedingt geschlossen werden!

naDev 'oH SaHwI'pu' tetlh'e'.

So, jetzt überprüfen wir noch die Anwesenheit. Dazu schauen wir uns die klingonische Hochzeitszeremonie an, die in

http://klingon.wiki/De/Hochzeit

beschrieben wird. Diese Zeremonie bezieht sich auf eine Episode in „Star Trek: Deep Space Nine" und am Ende beschließt die „Lady des Hauses" {joH}, die die Zeremonie leitet, diese mit den Worten:

vaj peqIm Hoch. – Then let all present here today …
                 – Dann lasst alle, die heute anwesend sind …

Im Film wird nicht klingonisch gesprochen, aber die hier angegebene Rückübersetzung findet sich auf der oben aufgeführten Internetseite. Zum Glück ist sie sehr unscharf und bedeutet eigentlich etwas ganz anderes, das wir für den Unterricht ebenfalls nutzen können.

vaj – then   – dann
qIm – pay attention, concentrate – aufmerksam sein, konzentrieren
Hoch – everyone, all   – jeder, alle

Die Vorsilbe {-pe} deutet darauf hin, dass es sich um einen Plural-Befehl handeln muss, der einer Gruppe gegenüber ausgesprochen wird.

Die klingonische Fassung lautet damit in wörtlich genauerer Übersetzung: „Dann seid alle aufmerksam!" oder „Dann konzentriert euch alle!"

Und das benötigen wir in der Tat gelegentlich für einen erfolgreichen Unterricht, wenn Terrence mal wieder mit ihrem Nachbarn Donnelly quatscht und alle anderen nur auf ihren Smartphones rumspielen. Dies unterbinden wir mit den Worten:

peqIm ! – Passt auf! Konzentriert euch!

Für die Klärung der Anwesenheit müssen wir deshalb einen anderen
Ansatz suchen. Dieser findet sich beispielsweise in der klingonischen
Fassung der dritten Strophe des schönen deutschen Weihnachtslieds
„Oh Tannenbaum":

> O Tannenbaum, o Tannenbaum,
> dein Kleid will mir was lehren:
> die Hoffnung und Beständigkeit
> giebt Trost und Kraft zu jeder Zeit!
> O Tannenbaum, o Tannenbaum,
> dein Kleid will mir was lehren.

Quelle: https://de.wikipedia.org/wiki/O_Tannenbaum

Verständlicherweise wurde bei der Übertragung mehr auf eine geeig-
nete Passung mit der Liedmelodie geachtet und nicht auf eine akkurat
wörtliche Übersetzung. So lautet die doch recht freie klingonische
Umschreibung der vierten Zeile im Klingonen-Wiki unter

http://klingon.wiki/De/OTannenbaum

folgendermaßen:

jISaHlaH 'e' mughojmoHbej.
— Ich kann präsent sein, deshalb lehren sie mich ohne Zweifel.

Hier wird das klingonische Wort {SaH} für „präsent sein", „anwesend sein" verwendet, das auch wir nutzen können. Wir werden uns
also mit Hilfe des Frageworts {'Iv}, „wer?" erkundigen:

Wer ist anwesend? Bitte (Erfreut mich und) nennt eure Namen!

= SaH 'Iv ? HIbelmoH 'ej pongmeyraj tIpong !

Die Nachsilbe {-raj} ist in diesem Satz das besitzanzeigendes Fürwort
„eure". Diese Possesiv-Nachsilben üben wir im folgenden noch kurz
ein. Und gleichzeitig durchdenken wir eine alternative Fragestellung.

Diese alternative Frage bzw. Aufforderung lautet:

Wer ist anwesend? Bitte nennt **mir** eure Namen!   ?

Dabei können wir endlich einmal den Präfix-Trick

http://klingon.wiki/De/PrefixTrick

besprechen.

pongwIj vIpong.	–	Ich nenne meinen Namen.
pongllj Dapong.	–	Du nennst deinen Namen.
pongDaj pong.	–	Er/Es nennt seinen Namen.
		Sie nennt ihren Namen.
pongmeymaj DIpong.	–	Wir nennen unsere Namen.
pongmeyraj bopong.	–	Ihr nennt eure Namen.
pongmeychaj pong.	–	Sie nennen ihre Namen.

Eine Kombination mit

[existiert nicht]	–	Ich nenne mich → mir
chopong.	–	Du nennst mich → mir
mupong.	–	Er/Es nennt mich → mir
		Sie nennt mich → mir
[existiert nicht]	–	Wir nennen mich → mir
tupong.	–	Ihr nennt mich → mir
mupong.	–	Sie nennen mich → mir

ergibt sich dann mit Hilfe des Präfix-Tricks

pongllj chopong.	–	Du nennst **mir** deinen Namen.
pongDaj mupong.	–	Er/Es nennt **mir** seinen Namen.
		Sie nennt **mir** ihren Namen.
pongmeyraj tupong.	–	Ihr nennt **mir** eure Namen.
pongmeychaj mupong.	–	Sie nennen **mir** ihre Namen.

indem aus dem direkten Objekt „mich" das indirekte Objekt „mir"
wird.

Zwar wird es derzeit offenkundig nirgends explizit ausformuliert (→ ich habe es zumindest bis jetzt nirgendwo gesehen…), aber es ist absolut logisch und nahezu zwingend, dass dieser Präfix-Trick auch bei Befehlen und Kommandos funktioniert.

Einschub: Überhaupt sind Befehle offenbar ein Stiefkind vieler Klingonisten, denn in

> http://klingon.wiki/En/TheKlingonWayBreakdown

ist die Objektbindung gerade bei befehlenden Verben nicht selten problematisch. Ein Beispiel ist die Sprichart #133:

#133 {yIvoq 'ach lojmItmey yISam !}
Vertraue aber lokalisiere die Türen!
(ausführlicher: Habe Vertrauen, aber stelle fest, wo die Türen sind!)
- → {yIvoq} ist richtig, denn es besitzt kein Objekt.
- → {yISam} ist falsch, denn es besitzt mit {lojmItmey} ein Objekt in der 3. Person Plural. Es müsste also eigentlich {tISam} heißen.

Der Präfix-Trick für Befehle kann nun auf die folgende Art und Weise konstruiert werden:

ponglIj yIpong !	–	Nenne deinen Namen!
pongmeyraj tIpong !	–	Nennt eure Namen!
HIpong !	–	(Be-)Nenne mich ! → mir !
HIpong !	–	(Be-)Nennt mich ! → mir !
ponglIj HIpong !	–	Nenne **mir** deinen Namen!
pongmeyraj HIpong !	–	Nennt **mir** eure Namen!

Um also die Anwesenheit zu notieren und die Teilnehmerinnen und Teilnehmer in der Anwesenheitsliste abzuhaken, fragen wir:

Wer ist anwesend? Bitte nennt mir eure Namen!

= SaH 'Iv ? HIbelmoH 'ej pongmeyraj HIpong !

Ein einziger Buchstabe zwischen {tIpong} und {HIpong }macht den Unterschied. Das kommt bei einer so hochverdichteten Sprache wie dem Klingonischen sehr oft vor und erfordert eine hohe Konzentration beim Sprechen und natürlich auch beim Zuhören.

Wie die Namensnennung so geht, haben wir schon in Kapitel 3 „Wie heißen wir? pIn pong ist kein Tischtennis." besprochen. Jeder nennt jetzt seinen Namen – und alles ist gut.

Nix ist gut! Klingonisch ist eine erfundene Sprache, die zur Zeit leider nur halb fertig ist! Nichts ist gut, denn in der Grammatik und vor allem auch im Wortschatz stoßen wir auf riesige Lücken, die immer wieder behelfsmäßig überbrückt werden müssen. Aber oft ist das leider alles nur behelfsmäßig.

So bastelt sich jeder Klingonist seine und jede Klingonistin ihre eigene Behelfsbrücke, die oft nicht zur Behelfsbrücke des Nachbarn oder der Nachbarin passt.

Folge: Jeder spricht sein eigenes Privat-Klingonisch, trotz aller Bemühungen des KLI (www.kli.org). Und auch dieses „Klingon Language Institute" (KLI) spricht nicht immer mit einer Zunge, sondern oft reichlich babylonisch.

Sie erinnern sich, was auf der Internetseite

http://klingon.wiki/De/MeinNameIst

steht? Ich zitiere hier wörtlich (Stand: 25. Sept. 2023): „**pong** ist ein wirklich lästiges Wort, (…) Wir wissen nicht viel darüber, wie man mit Verben wie **pong** umgeht, da sie zwei Objekte benötigen. Das

Subjekt ist der, der benennt oder benamt*. Ein Objekt ist die Person, die benannt wird und das andere der Name…"

   * Kein Schreibfehler: „be-namt" meint hier: „einen Namen geben".

Und nun vergleichen wir dieses Beschreibung mit der offiziellen Hymne des Klingon Language Institutes. Etwas Hoheitlicheres und Offizielleres als diese Hymne des Klingonentums existiert auf dem Planeten Erde derzeit nicht. Der klingonische Botschafter ist auf unabsehbare Zeit abwesend und das Botschaftsgebäude aufgrund der Aktivierung seiner „cloaking device", der Tarnvorrichtung, {So'wI'} nicht mehr auffindbar.

Die vierte Zeile der vierten Strophe dieser Hymne, dem KLI-Song,

http://klingon.wiki/De/KLIsong

lautet nun:

vavoy ghaH wIpong. ... 'ej   –   Wir nennen ihn Väterchen. ... Und

Diese Hymne wird von den KLI-Klingonisten unablässig, quasi in Dauerschleife, gesungen, immer und immer wieder. Und es ist unglaublich: Was zuvor auf der **pong**-MeinNameIst-Seite ausdrücklich als unmöglich beschrieben wurde (… zwei Objekte!), passiert in der Hymne! Sie ist grammatikalisch ziemlich schräg und krumm.

Ich sage ja auch nicht den schräg-krummen Satz:

martIn jIH chopong.   –   Du nennst mich Martin.

Aber die Klingonisten mit ihrem Führerkult werden sich sicherlich herausreden und behaupten, das {ghaH} stehe nur deshalb in ihrer Hymne, weil sie das Wort „ihn" betonen wollen, also irgendwie „Wir nennen **ihn** (ganz laut und dick gedruckt) Väterchen." singen wollten.

Wir aber sind lieber diplomatisch und sprechen so, wie es uns auf

Grundlage des Klingonischen Wörterbuchs möglich ist. Also sagen wir schlicht:

pongmeyraj boponglaH'a' ?

Könnt ihr eure Namen nennen?

Oder:

pongmeyraj boja'laH'a' ?

Könnt ihr eure Namen sagen?

Oder:

pongmeyraj tuja'laH'a' ?

Könnt ihr **mir** eure Namen sagen? (Präfix-Trick)

Jetzt kann der Dozent oder die Dozentin bzw. der Lehrer oder die Lehrerin alle Anwesenden in der Anwesenheitsliste notieren oder abhaken.

Natürlich geht es auch einfacher: Jeder Kursteilnehmer oder jede Kursteilnehmerin trägt sich selbst in die Liste ein. Das geht schneller und mit Hilfe des Wortes

ngaQHa'moH	–	to sign in, to log in	–	sich eintragen, einloggen
jeS	–	to participate	–	teilnehmen
Sap	–	to volunteer	–	sich freiwillig melden
jeS 'e' Sap	–	to sign up (for an event)	–	sich registrieren, sich (für eine Veranstaltung) anmelden
tetlh	–	list, scroll	–	Liste, Schriftrolle

sagen wir:

Wer ist anwesend? Bitte (Erfreut mich und) tragt euch ein!

= SaH 'Iv ? HIbelmoH 'ej pengaQHa'moH !

Allerdings ist der Ausdruck {ngaQHa'moH} gemäß der Worterklärung in ein starrer, verfestiger Slangausdruck, der so kaum noch benutzt wird. Besser sei es, die feststehende klingonische Wortkombination {jeS 'e' Sap} zu verwenden, wenn man sich für eine Veranstaltung einträgt.

Wörtlich heißt das zwar „to volunteer to participate", „sich freiwillig melden, um teilzunehmen", aber es wird in der Worterklärung betont, dass diese Wortkombination auch dann verwendet wird, wenn die Anmeldung überhaupt nicht freiwillig ist. Das ist mal wieder ein typischer Okrand!

Und ein weiterer typischer Okrand ist: Es weiß keiner so genau, wie der feststehende Ausdruck {jeS 'e' Sap} korrekt zu konjugieren ist. Ist es ein wirklich unveränderbarer, absolut feststehender Ausdruck, oder muss er wie ein normales Verb ganz normal konjugiert weren? Klingonisch ist eben nur halb fertig, und {jeS 'e' Sap} ist eine Baustelle.

Aber wir bauen mit und sagen:

> Wer ist anwesend? Bitte tragt euch ein!

= Wer ist anwesend? Erfreut mich und meldet euch freiwillig, dass ihr teilnehmt.

> = SaH 'Iv ? HIbelmoH 'ej SujeS 'e' yISap !

Hier ist {SujeS 'e'}, „dass ihr teilnehmt", ein Satz, der als Objekt fungiert,

> https://klingon.wiki/De/SatzAlsObjekt

wobei {yISap} das Prefix für ein Objekt in der dritten Person Singular erhält, da dies bei {'e'}-Konstruktionen vorgeschrieben ist. Und dann halten wir die Anwesenheitsliste hoch und ergänzen:

> Hier ist die Anwesenheitsliste.

> naDev 'oH SaHwI'pu' tetlh'e'.

Sorry! pe'vIl Supaw'jaj !

Klingonen sind sehr direkt, geradezu erschreckend zielstrebig. Sie machen keine großen Umschweife und kommen gleich auf den Punkt. „Ich bin zu spät!" Basta. Wozu bedarf es da einer Entschuldigung? Was ist, das ist. Punkt.

Aber wir sind Menschen. Auch wir kommen oft einmal zu spät, auch zum Unterricht. Aber es ist üblich, dass wir uns dann entschuldigen. Wir sind in solchen Situationen eben nicht direkt, sondern zurückhaltend, nicht erschreckend zielstrebig, sondern freundlich. Und wir sind – hoffentlich – höflich. Das macht das menschliche Leben einfacher.

Also wird eine Schülerin oder ein Schüler bzw. eine Studentin oder ein Student, wenn er oder sie zu spät zum Unterricht erscheint, dies höflich zu klären versuchen. Beispielsweise könnten wir uns dabei an der Entschuldigung orientieren, die Peter (der als {pe'tlhoS}, also Petrus, angesprochen wird) in der Cartoon-Fernsehserie „Family Guy" auf Klingonisch ausspricht:

www.youtube.com/watch?v=21yaVBWMU-s

Entsprechend den Korrekturen zu Satz 1 auf der Internetseite

http://klingon.wiki/En/FamilyGuy

erhalten wir:

jIQoS, lo'IS.   –   I'm sorry, Lois.   –   Tut mir leid, Luise.

{QoS}, englisch: „to be sorry", also: „leid tun", ist somit ein Eigenschaftsverb , das entsprechend konjugiert werden muss. Da wir gerne konjugieren, machen wir es hier auch wieder:

jIQoS.	–	I am sorry.	–	Tut mir leid. (ohne es!!)
bIQoS.	–	You are sorry.	–	Tut dir leid.
QoS.	–	He/She is sorry.	–	Tut ihm/ihr leid.

61

maQoS.	–	We are sorry.	–	Tut uns leid.
SuQoS.	–	You are sorry.	–	Tut euch leid.
QoS.	–	They are sorry.	–	Tut ihnen leid.

Doch wo bleibt das „es"? Was ist mit dem Objekt in der 3. Person Singular? Was ist mit:

vIQoS.	–	Es tut mir leid.	???
DaQoS.	–	Es tut dir leid.	???
QoS.	–	Es tut ihm / ihr leid.	???
wIQoS.	–	Es tut uns leid.	???
boQoS.	–	Es tut euch leid.	???
luQoS.	–	Es tut ihnen leid.	???

Die einfache Antwort ist: Das Verb {QoS}

https://klingon.wiki/Word/QoS

ist ein Eigenschaftsverb und hat nie, aber auch wirklich nie, ein Objekt. {QoS} ist intransitiv

https://klingon.wiki/De/Transitivität

und obwohl über die Transitivität unter den Klingonisten erbittert gestritten wird,

https://klingon.wiki/De/Transitivitätsproblem

so sind sich doch (fast) alle einig, dass ein intransitives Verb wie {QoS }kein Objekt besitzen darf. Alle, außer Marc Okrand, der schweigt mal wieder: „… because something has been found to be transitive or intransitive in a single canon sentence, that does not mean it can't also be the other way. Some Klingon words do this, and Marc Okrand has never stated that Klingons take notice of transitivity." (https://klingon.wiki/En/TheTransitivityIssue)

Es ist also absolut nicht klar, ob sich Klingonen überhaupt um so etwas bald Irdisches wie die grammatikalische Transitivität kümmern.

Marc Okrand sagt dazu nichts. Und nur, weil er ein Verb in einem kanonischen Satz ein einziges Mal ohne Objekt verwendet hat, heißt das noch lange nicht, dass dieses Wort immer ohne Objekt, also intransitiv, zu verwenden ist.

Vor diesem Problem stehen wir, wenn wir uns nach Alternativen umblicken, um eine klingonische Entschuldigung für unser Zu-Spät-Kommen zu formulieren. Es ist uns ja verboten zu sagen,

Es tut mir leid, dass ich zu spät bin.

tlhoy jIpaS 'e' vIQoS.

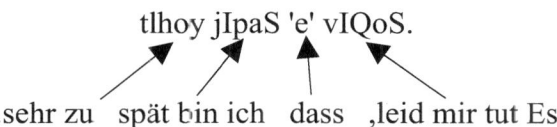

.sehr zu   spät bin ich   dass   ,leid mir tut Es

da der Satzteil {tlhoy jIpaS 'e'} als Objekt wirkt, so dass wir {vIQoS} benötigen. {vIQoS} ist aber nicht erlaubt! {vIQoS} gibt es im Klingonischen nicht.

Also schauen wir, wie die Dinge beim Verb

tlhIj   –   to apologize   –   sich entschuldigen

stehen. Und wir können sagen: Es sieht nicht gut aus! Marc Okrand schweigt und schweigt! Denn auf der Internetseiten

https://klingon.wiki/Word/TlhIj

lesen wir:

„word type: verb, TKD chapter 4.
Probably intransitive (not confirmed)“

Es ist alles „not confirmed", „nicht bestätigt". Wir dürfen zwar ganz sicher sagen: {jItlhIj}, „Ich entschuldige mich." Wir wissen aber nicht, ob der Ausdruck {vItlhIj} zulässig ist. Ist alles „not confirmed", wir hängen in der Luft. Klingonisch ist eine große, riesige Baustelle, überall! Deshalb wissen wir bis heute nicht, ob es uns erlaubt ist, sich in der folgenden Form für ein verspätetes Eintreffen zu entschuldigen:

Ich entschuldige mich, dass ich zu spät bin.

tlhoy jIpaS 'e' vItlhIj.

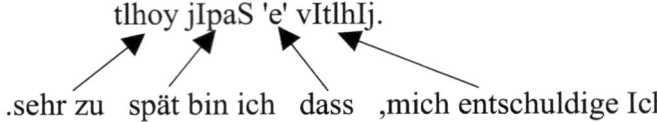

.sehr zu   spät bin ich   dass   ,mich entschuldige Ich

Das ist hochgradig bedauerlich. Und das ist mal eine gute Nachricht, denn bedauern dürfen wir auch mit einem Objekt in der 3. Person Singular:

pay   —   to regret   —   bedauern

Endlich hat Marc Okrand gezahlt, denn {pay} kommt von englisch „pay", „bezahlen", siehe: „You will pay for this!" in

https://klingon.wiki/Word/Pay

Wieder einmal sehen wir: Klingonisch ist sehr oft nur ein verkorkstes, reichlich verschrobenes Englisch. Aber dort lesen wir endlich:

„word type: <u>verb</u>, <u>TKD</u> chapter 4.
<u>transitive</u> verb: **vay' vIpay**. = I regret something."

Damit erhalten wir eine grammatikalisch legitime, vollkommen zulässige und ordentlich bedauernde Entschuldigung:

Ich bedauere, dass ich zu spät bin.

tlhoy jIpaS 'e' vIpay.

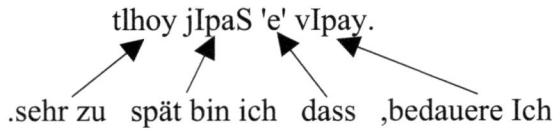

.sehr zu   spät bin ich   dass   ,bedauere Ich

Warum aber ist es Marc Okrand so ziemlich egal, wie es um die Transitivität steht? Warum kümmert er sich nicht intensiver um diese Fragen und stellt problematische, zweideutige Fälle nicht klar? Warum nur? Eine mögliche Antwort ist: Marc Okrand ist – zumindest unbewusst – ein Liebhaber der Parataxe: Anstelle von langen, verschachtelten Sätzen mag er kürzere, knappe Satzstückchen, die als eigenständige Sätze aneinandergereiht werden.

Klingonen zerhacken nicht nur brutal ihre Feinde. Nein, sie zerhacken auch ebenso brutal ihre Sätze zu Satzschnipseln, siehe:

https://klingon.wiki/En/Parataxis

Deshalb wurde der von Peter {pe'tlhoS} in der Zeichentrick-Serie „Family Guy" problematisch übersetzte Satz

jIQoS, lois, neH jIvItpu' pa' tlhIngan DaH.

auch auf der weiter vorne angegebenen Internetseite in die zwei kürzeren Sätze

jIQoS, lo'IS. DaH tlhIngan Hol neH vIjatlh.

zerhackstückelt und so grammatikalisch richtiggestellt. Das können wir natürlich auch! Dann werden aus dem Relativsatz

„Es tut mir leid, dass ich zu spät bin."

zwei kürzere Einzelsätze gebildet, so dass das „mir leid tun" wie grammatikalisch gefordert ohne ein Objekt erfolgen kann:

Es tut mir leid. Ich bin zu spät.

Damit erhalten wir die alternative Entschuldigung,

jIQoS. tlhoy jIpaS.

Wobei noch auf die interessante klingonische Entstehungsgeschichte des Steigerungspartikel „zu"

https://de.wikipedia.org/wiki/Steigerungspartikel

mit Hilfe des klingonischen Adverbs {tlhoy} verwiesen werden soll, die hier

http://klingon.wiki/En/HolQeDv8n3

beschrieben wird. Es handelt sich somit um ein sprachliches Geschenk anlässlich der Ernennung zum {matlh jupna'}, einem „wahren Freund von Maltz", und der damit verbundenen Aufnahme in den „Order of the Friends of Maltz", einem etwas elitären Klingonisten-Orden:

https://klingon.wiki/En/FriendOfMaltz

Doppelt hält besser. Und dreifach hält vielleicht noch besserer oder so ähnlich. Also entschuldigen wir unser Zuspätkommen durch eine Kombination aller drei Möglichkeiten. Sicher ist sicher:

jIQoS. tlhoy jIpaS 'e' vIpay. jItlhIj.

Es tut mir leid. Ich bedaure, dass ich zu spät bin.
Ich entschuldige mich.

Und um gut' Wetter zu machen, fügen wir dann vielleicht noch ein paar Nettigkeiten hinzu. Diese könnten sich an der klingonischen Übersetzung der Zeilen des Geburtstagslieds

http://klingon.wiki/En/HappyBirthday

orientieren, wobei das Wort „Geburtstag", {qoS}, durch „diesen Tag", {jajvam}, oder „heute", also das Substantiv {DaHjaj}, ersetzt wird. Grammatikalisch ist {DaHjaj} also kein Adverb, sondern äquivalent zum deutschen Ausdruck „heutiger Tag" ein Substantiv.

Der oder die Verspätete wird also höflichkeitshalber – und damit gänzlich unklingonisch – anfügen:

DuQuchmoHjaj DaHjaj.

Möge der heutige Tag bewirken, dass du glücklich bist.

Oder entsprechend an die ganze Gruppe gerichtet, die ja durch das verspätete Eintreffen gestört wird:

nIQuchmoHjaj DaHjaj.

Möge der heutige Tag bewirken, dass ihr glücklich seid.

Die Nachsilbe {-jaj} hat somit eine doppelte Bedeutung. Sie ist ein Homonym

http://klingon.wiki/De/Homonym

und bedeutet hier zum einen „Tag". Zusammen mit dem Adverb „nun", {DaH}, heißt „heute" {DaHjaj}, also wörtlich: „Nun-Tag".

Zum anderen ist {-jaj} eine Verb-Nachsilbe vom Typ 9 und bedeutet „mögen", englisch: „may". Zusammen mit der Verursacher-Verb-Nachsilbe {-moH} für „bewirken" bzw. „verursachen", erhalten wir den oben angeführten Wunsch.

Und auch das Wort {Quch} ist ein Homonym, denn es kann gleichzeitig „Stirn" als Substantiv und „glücklich sein", „fröhlich sein" als Verb bedeuten. Marc Okrand hat es gern verwirrend. Solche Homonyme erschafft er nicht etwa aus Versehen, weil er die erste Wortbedeutung vielleicht einfach vergessen hat. Nein, er bildet sie absichtlich und bei vollem Bewusstsein – wie schon im Abschnitt 3 „pIn pong ist kein Tischtennis" erwähnt – um uns zu ärgern. Oder sagen wir es diplomatischer: – – um uns intellektuell und kognitiv herauszufordern.

Zwei weitere Alternativen für einen höflich angefügten Satz sind auf der Geburtstags-Internetseite des Klingonen-Wikis aufgeführt. Wieder ersetzen wir den Geburtstag, {qoS}, und erhalten mit Hilfe von

tIv   –   genießen, sich an etwas erfreuen
Dun   –   wunderbar sein, großartig sein

die beiden netten Wünsche:

DaHjaj DatIvqu'jaj.

Mögest du den heutigen Tag sehr genießen.

bzw.:

DaHjaj botIvqu'jaj.

Möget ihr den heutigen Tag sehr genießen.

Oder:

DaHjaj Dunqu' DatIvjaj.

Mögest du den heutigen, sehr großartigen Tag genießen.

bzw.:

DaHjaj Dunqu' botIvjaj.

Möget ihr den heutigen, sehr großartigen Tag genießen.

Nach dieser Entschuldigung kann der Dozent oder die Dozentin natürlich wieder trocken und mit verbissenen Lippen

toH !	–	Well! So!	–	Na gut! So, so!
maj !	–	Good!	–	Gut!
Ha' !	–	Let's go!	–	Los geht's!

antworten. Besser wäre jedoch eine typisch klingonische Antwort, die beispielsweise im {paq'batlh}

http://klingon.wiki/En/PaqbatlhNewRules#Welcome

gegeben wird:

| naDev | – | here, hereabouts | – | hier, in dieser Gegend |
| Dab | – | dwell in, reside at | – | bewohnen, wohnen in |

| ⇒ | batlh naDev SuDab ! |
| Wörtlich: | Ihr wohnt hier mit Ehre / ehrenvoll! |

im übertragenen Sinn: Welcome to this place!

Willkommen hier in dieser Gegend!

68

Abgeleitet daraus ergibt sich alternativ:

⇒   batlh naDev bIpaw !

                Du kommst hier ehrenvoll an!

⇒   batlh naDev SuSuch !

                Ihr besucht diesen Ort ehrenvoll!

Aber noch weit klingonischer klingt die folgende Begrüßung, die Marc Okrand gemäß

                http://klingon.wiki/Word/Pe-vIl

einst aussprach:

pe'vIl	–	kraftvoll
paw'	–	kollidieren
paw	–	ankommen
Such	–	besuchen

                pe'vIl Supaw'jaj !

            Möget ihr kraftvoll kollidieren!

Nein, es heißt nicht:

                pe'vIl Supawjaj!

            Möget ihr kraftvoll ankommen!

Klingonen kollidieren, wenn alle gleichzeitig ankommen. Auf Kronos {Qo'noS} ist es halt meist eng. Deshalb ist dies auch eine Begrüßung, die nicht gegenüber einer Einzelperson, sondern immer nur gegenüber einer ganzen Gruppe ausgesprochen werden kann.

Und jetzt beginnt der Unterricht, vielleicht mit der Bemerkung aus der Star Trek: Discovery-Episode „Das vulkanische 'Hallo' ", die später in „Leuchtfeuer“

http://klingon.wiki/En/DSC101

umbenannt wurde.

pov	–	exzellent sein
vIH	–	sich bewegen, in Bewegung sein
gho	–	Kreis, Ring, Reifen

pov. vIHtaH gho.

Wörtlich: Es ist exzellent. Der Reifen ist in Bewegung.

im übertragenen Sinn: Exzellent. Die Zeit ist gekommen.

Oder der Dozent bzw. die Dozentin sagt direkt…

jIghojmoHchoH

Ich beginne zu unterrichten.

(analog zum klingonischen Wörterbuch, Abschnitt 4.2.3:
{ghoSchoH} → „He / She is beginning to go.“)

… wenn erst jetzt der Unterricht richtig beginnt.

jIghojmoHqa'

Ich beginne erneut zu unterrichten.

(analog zum klingonischen Wörterbuch, Abschnitt 4.2.4:
{vInejqa'} → „I am resuming the search.“)

… wenn der Unterricht schon vor der Störung durch den verspätet eintreffenden Schüler / Studenten begonnen hatte und nach der Unterbrechung nun erneut weiter geht.

Oder wir sagen einfach mit Hilfe von

tagh	–	(einen Vorgang) beginnen, initiieren
ghojmeH mIw	–	Unterricht, Lektion

⇒ DaH ghojmeH mIw wItagh.

Wir beginnen jetzt den Unterricht.

Und das tun wir dann auch (am besten ganz lustig mit meinem Lieblingsthema, der Dirac-Algebra, siehe Anhang {HommaH} auf S. 72).

Doch eine Frage ist noch nicht beantwortet: Klingonen entschuldigen sich nicht. Das ist nicht ihr Ding. Was machen Klingonen stattdessen, wenn sie sich nicht entschuldigen können?

Die Antwort ist einfach: Sie benutzen ein {qa'meH vIttlhegh}, ein „replacement proverb" oder „Ersatz-Sprichwort".

https://klingon.wiki/De/Ersatz-Sprichwort

Klingonen verlieren ihre Ehre, wenn sie ein Schlamassel verursacht oder einen Fehler gemacht haben. Diese verlorene Ehre gewinnen Sie zurück, indem sie einfach einem anderen die Schuld geben, und zwar einem teuflischen Dämon, dem {veqlargh}, „Fek'lhr".

Und da sie nie selbst schuld sein können, sondern immer nur ein armer „Fek'Ihr" schuld sein muss, sagen sie:

HIvqa' veqlargh.

Der Fek'Ihr schlägt wieder zu.

Schließlich komme ich nicht zu spät, weil ich verschlafen habe. Nein, ich komme zu spät, weil der Fek'Ihr meinen Wecker zerstört und mich am Aufwachen gehindert hat.

Der Fek'Ihr ist schuld, meine Ehre ist rein, ich kann nicht für die Verspätung verantwortlich sein. So funktioniert die klingonische Welt

HommaH: DI'raq ghaH DI'raq'e'.

Auf S. 41 schrieb ich: „Dirac war einer der Allergrößten. Und er war kein Schaf." Leider ist das zur Hälfte falsch. Dirac, der Erfinder der Dirac-Gleichung, ein Physk-Nobelpreisträger, war ein Genie, einer der größten Physiker aller Zeiten, ein zweiter Einstein neben Einstein. Aber er war gleichzeitig ein recht einfältiges Schaf, der seine eigenen Erfindungen nicht immer verstanden hat.

Und den Grassmann, den hat der Dirac leider auch nicht verstanden!

Im Rahmen seiner Formulierung der Dirac-Gleichung {DI'raq wItte'} erfand Dirac 1928 auch die sogenannten Dirac-Matrizen {DI'raq mI'mey tlhatmey}, die er als Operatoren {mI'mey Dotlh choHwI'mey} auffasste. Diese Operatoreneigenschaft wird in der Physik {HapQeD} allgemein anerkannt, und ein anderer Nobelpreisträger, Sir Roger Penrose, erläutert das in seinem Buch

> Roger Penrose: The Road to Reality {DI'ruj Dev taw}. A Complete Guide to the Laws of the Universe {'u' HapQeD chutmey DevmeH paq naQ}. Vintage Books, London 2005.

sehr klar: Die Dirac-Matrizen stellen Basis-Reflektoren {narwI'mey potlh} dar (§ 11.5, The Road to Reality). Dies ist die Operation {mI'mey Dotlh choH}, die sie durchführen: eine Reflexion, also eine Spiegelung, gemäß http://klingon.wiki/En/AKlingonChristmasCarol klingonisch also eine {neSlo' tonSaw' Qav}. Doch das ist nur die halbe Wahrheit.

Die andere Hälfte der Wahrheit ist: Die Dirac-Matrizen stellen Basisvektoren der Raumzeit {tlhey'at baSta'mey potlh} dar. Das mit den Basisvektoren hat schon Grassmann gewusst, und nach ihm William Kingdon Clifford, Élie Cartan, Marcel Riesz und David Hestenes, die diese Theorie {ngervam} weiter ausarbeiteten.

In seinem Beitrag

David Hestenes: Spacetime Physics with Geometric Algebra.
American Journal of Physics, Vol. 71, No. 7 (2003), S. 691

schreibt David Hestenes sehr deutlich: „The Dirac matrices are no more and no less than matrix representations of an orthonormal frame of spacetime vectors and thereby they characterize spacetime geometry. But how can this be? Dirac never said any such thing!" Dirac hat es nicht kapiert ...

Und Roger Penrose ergänzt: „(Dirac) appears not to have been aware of William Kingdon Clifford's earlier work ..." (§24.6, The Road to Reality) ... und damit scheint Dirac auch nicht die Arbeiten von Hermann Grassmann gekannt zu haben, aus denen Clifford seine wesentlichen Ideen schöpfte. Diese Ideen {qechmey} sind:

qolqoSmey 'ut – Zentrale Kernaussagen

logh baSta'mey potlh 'oS paw'lI' mI'mey tlhatmey.
Pauli-Matrizen repräsentieren räumliche Basisvektoren.

⇒ **logh baSta'mey potlh bIH paw'lI' mI'mey tlhatmey'e'.**
Die Pauli-Matrizen <u>sind</u> räumliche Basisvektoren.

tlhey'at baSta'mey potlh 'oS DI'raq mI'mey tlhatmey.
Dirac-Matrizen repräsentieren raumzeitlichee Basisvektoren.

⇒ **tlhey'at baSta'mey potlh bIH DI'raq mI'mey tlhatmey'e'.**
Die Dirac-Matrizen <u>sind</u> raumzeitliche Basisvektoren.

Dirac war somit überhaupt nicht klar, was man so alles mit seinen Matrizen {mI'mey tlhatmey} anstellen kann. Beispielsweise kann der raumzeitliche Vektor

tlhey'at baSta' : $\qquad r = 5\,\gamma_t + 6\,\gamma_x + 7\,\gamma_y + 8\,\gamma_z$

an einer Achse {rober} in Richtung des 35 cm langen räumlichen Vektors in y-Richtung

uj baSta' : $\qquad s = 0{,}35\,\gamma_y$

gespiegelt werden, indem das Sandwich-Produkt {chabHom Hutlhbogh bIQyInDaq mI'QeD vIqraq}

$$\mathbf{r_{nar}} = \mathbf{s}\,\mathbf{r}\,\mathbf{s}^{-1} = \mathbf{s}\,\mathbf{r}\,\mathbf{s}\,/\,\mathbf{s}^2$$

$$= 0{,}35\,\gamma_y\,(5\,\gamma_t + 6\,\gamma_x + 7\,\gamma_y + 8\,\gamma_z)\,0{,}35\,\gamma_y\,/\,(0{,}35\,\gamma_y)^2$$

$$= 1{,}75\,\gamma_y\gamma_t + 2{,}10\,\gamma_y\gamma_x + 2{,}45\,\gamma_y^2 + 2{,}80\,\gamma_y\gamma_z)\,0{,}35\,\gamma_y\,/\,(0{,}1225\,\gamma_y^2)$$

$$= 0{,}6125\,\gamma_y\gamma_t\gamma_y + 0{,}735\,\gamma_y\gamma_x\gamma_y + 0{,}8575\,\gamma_y^3 + 0{,}98\,\gamma_y\gamma_z\gamma_y\,/\,(-0{,}1225)$$

$$= -5\,\gamma_y\gamma_t\gamma_y - 6\,\gamma_y\gamma_x\gamma_y - 7\,\gamma_y^3 - 8\,\gamma_y\gamma_z\gamma_y$$

gebildet wird. Mit Hilfe der Definitionsgleichungen der Dirac-Algebra, den „essential equations of the mathematics of Dirac", {DI'raq mI'QeD wItte'mey 'ut}

$$\gamma_t^2 = 1 \qquad \gamma_x^2 = \gamma_y^2 = \gamma_z^2 = -1 \qquad \text{(raumzeitliche Normierung)}$$

$$\gamma_t\gamma_x = -\gamma_x\gamma_t \qquad \gamma_t\gamma_y = -\gamma_y\gamma_t \qquad \gamma_t\gamma_z = -\gamma_z\gamma_t \qquad \text{(Vertauschungs-}$$

$$\gamma_x\gamma_y = -\gamma_y\gamma_x \qquad \gamma_y\gamma_z = -\gamma_z\gamma_y \qquad \gamma_z\gamma_x = -\gamma_x\gamma_z \qquad \text{relationen)}$$

kann das Zwischenergebnis, „the temporary result", {gher'ID ru'} weiter vereinfacht werden:

$$\mathbf{r_{nar}} = -5\,\gamma_y\gamma_t\gamma_y - 6\,\gamma_y\gamma_x\gamma_y - 7\,\gamma_y^3 - 8\,\gamma_y\gamma_z\gamma_y$$

$$= -5\,\gamma_y\,(-\gamma_y\gamma_t) - 6\,\gamma_y\,(-\gamma_y\gamma_x) - 7\,(-1)\,\gamma_y - 8\,(-\gamma_z\gamma_y)\,\gamma_y$$

$$= 5\,\gamma_y\gamma_y\gamma_t + 6\,\gamma_y\gamma_y\gamma_x + 7\,\gamma_y + 8\,\gamma_z\gamma_y\gamma_y$$

$$= 5\,\gamma_y^2\gamma_t + 6\,\gamma_y^2\gamma_x + 7\,\gamma_y + 8\,\gamma_z\gamma_y^2$$

$$= 5\,(-1)\,\gamma_t + 6\,(-1)\,\gamma_x + 7\,\gamma_y + 8\,\gamma_z\,(-1)$$

$$= -5\,\gamma_t + -6\,\gamma_x + 7\,\gamma_y - 8\,\gamma_z$$

Dieses Endergebnis, „the last/final result", {gher'ID Qav} stimmt in der Tat mit der Beschreibung von Roger Penrose überein. Alle Koordinaten {Quvmey} ändern ihre Richtung {lurgh}. Lediglich die Koordinate in Richtung der y-Achse, also in Richtung der Reflexionsachse {neSlo' tonSaw' Qav rober}, behält ihr Vorzeichen bei.

Uns ist somit tatsächlich die Reflexion eines raumzeitlichen Vektors (§ 11.5, The Road to Reality) gelungen. Das konnte Dirac nicht. Er konnte mit Hilfe des Sandwich-Produkts lediglich Wellenfunktionen transformieren, aber keine Vektoren.

Das ist seltsam, sehr seltsam. Aber als Fazit bleibt auf jeden Fall: Marc Okrand hatte leider recht: Dirac war – zumindest teilweise – ein physikalisches Schaf. {rut HapQeD DI'raq ghaH DI'raq'e'.}

Anmerkung:

Nicht alle vorgenannten klingonischen Ausdrücke sind strikt kanonisch, da für zahlreiche mathematische Ausdrücke noch keine von Marc Okrand genehmigten klingonischen Fassungen existieren. Deshalb hier ein Überblick über einige der zuvor angegebenen klingonischen Wortzusammensetzungen:

tlhat	–	Gitter, Raster, Rasterfeld, Koordinatennetz
mI'	–	Zahl
⇒ mI'mey tlhat	–	Rasterfeld der Zahlen → Matrix
⇒ DI'raq mI'mey tlhatmey	–	Rasterfelder der Zahlen des Schafs → Dirac-Matrizen
nar	–	reflektieren, spiegeln siehe: http://klingon.wiki/En/Reflections
⇒ narwI'	–	Reflektor, Erzeuger von Spiegelungen
dotlh	–	Status, Zustand
choH	–	Änderung, Wechsel
choHwI'	–	Umwandler, Konverter
⇒ mI'mey Dotlh choH	–	Änderung des Zustands der Zahlen → Operation
⇒ mI'mey Dotlh choHwI'	–	Umwandler des Zustands der Zahlen → Operator
wItte'	–	Gleichung
mI'QeD	–	Mathematik
'ut	–	essentiell sein, wesentlich sein, unerlässlich sein

paw'lI'   –   Er ist am Zusammenstoßen.   → Pauli
DI'raq   –   Schaf   → Dirac

⇒   DI'raq mI'QeD wItte'mey 'ut
              –   essentielle Gleichungen der Mathematik des Schafs
                      → Definitionsgleichungen der Dirac-Algebra

potlh   –   wichtig sein
baSta'   –   Vektor
logh   –   Raum
tlhey'at   –   Raumzeit

⇒   baSta' potlh   – wichtiger Vektor   → Basisvektor
⇒   narwI' potlh   – wichtiger Reflektor   → Basis-Reflektor

⇒   logh baSta'   – Vektor des Raums   → räumlicher Vektor
⇒   logh baSta' potlh   –   wichtiger Vektor des Raums
                              → räumlicher Basisvektor
⇒   logh narwI' potlh   –   wichtiger Reflektor des Raums
                              → räumlicher Basis-Reflektor

⇒   tlhey'at baSta' – Vektor der Raumzeit → raumzeitlicher Vektor
⇒   tlhey'at baSta' potlh   –   wichtiger Vektor der Raumzeit
                              → raumzeitlicher Basisvektor
⇒   tlhey'at narwI' potlh   –   wichtiger Reflektor der Raumzeit
                              → raumzeitlicher Basis-Reflektor

chut   –   (juristisches) Gesetz
HapQeD chut   –   Gesetz der Physik → physikalisches Gesetz
vIqraq   –   (handwerkliches) Produkt
mI'QeD vIqraq   –   Produkt der Mathematik → mathematisches
                         Produkt = Ergebnis einer Multiplikation

chabHom Hutlhbogh bIQyIn   –   Englisches „cookie sandwich
                 without cookie" → Sandwich
chabHom Hutlhbogh bIQyInDaq mI'QeD vIqraq – Produkt in Sand-
                 wich-Form   → Sandwich-Produkt